UN SÉJOUR EN FRANCE

BÉRANGÈRE LEPETIT

UN SÉJOUR EN FRANCE

Chronique d'une immersion

PLEIN JOUR

www.editionspleinjour.fr

Les livres Plein Jour sont commercialisés
en partenariat avec la S.N. Éditions Anne Carrière.

ISBN 978-2-37067-010-6

À mes deux sœurs, la petite et la grande

« Éloigner ce qui est proche et rapprocher ce qui est éloigné,
de sorte que notre cœur puisse saisir l'un et l'autre. »

Hugo von Hofmannsthal

I.
Au petit bonheur la chance

« Il paraît qu'ils ont tué tout le monde. Même le bébé. Il y avait un petit bébé, dans l'épicerie cacher. »

Je crois que c'est Marilyn[1] qui vient de prononcer ces paroles dans mon dos. Je me retourne et je vois son visage figé, l'étrange rictus qui déforme ses traits, entre la grimace et un sourire qu'elle réprime. Autour d'elle, dans le froid, les autres femmes, face au miroir rectangulaire, jettent sans réagir un coup d'œil à leur reflet, se lavent les mains pour la sixième fois de la journée, réajustent machinalement leur charlotte, leur cache-nez, enfilent leur deuxième blouse de travail, la bleue, avant de s'engouffrer à la chaîne.

La pause de 15 heures s'achève. Marilyn est la dernière à remonter de la salle de pause, après ce furtif retour au monde réel.

« Et ça te fait rire, on dirait ? Pourquoi tu rigoles ? » interroge soudain l'une des chefs de ligne.

Marilyn hausse les épaules, ne sachant trop quoi dire, surprise de sa propre réaction, de son excitation. Moi, je reste là, pétrifiée, à regarder les autres, à me demander quand tout cela va s'arrêter, si ça va s'arrêter.

« Ben, je ne sais pas. Oui, c'est bizarre », bredouille Marilyn.

J'ai l'impression qu'elle va pleurer maintenant. De toute façon, personne n'arrive vraiment à y croire, à ce qui est

1. Tous les noms, à l'exception, bien sûr, de ceux des personnalités publiques, ont été modifiés.

en train de se passer, là-bas, à la porte de Vincennes et à Dammartin-en-Goële. Un truc un peu dingue, comme un film d'action du dimanche soir, avec des prises d'otages, du sang, des policiers partout. Marilyn a souri comme quelqu'un qui attend son petit effet. Mais il n'est pas arrivé et, à la fin, on l'engueule presque. Il fait vraiment très froid.

Depuis que j'ai franchi la porte de cette usine, mon monde d'avant s'efface, se volatilise petit à petit. Dès que j'essaie d'y penser, à cette réalité-là, celle de Paris, je perds tout de suite pied. Bizarrement, être enfermée à la chaîne, à répéter les mêmes mouvements, à me concentrer, m'apaise. Dans le chaos ambiant, la routine de l'atelier donne une utilité instantanée, une contenance. Ici, la vie reste la même. La chaîne avance, solide, répétant à l'infini son ballet millimétré que rien ni personne ne peut venir interrompre. Chacun à sa place, les blouses boutonnées jusqu'en haut, tout semble inébranlable.

J'ai plongé sans me poser de questions, je me disais que je verrais bien en route. Pour l'instant, le choc est rude. Je suis venue pour être quelqu'un d'autre, l'espace d'un mois. Sortir de mon quotidien de journaliste à Paris. Quatre semaines *off*, c'est ce que m'a octroyé, sans trop de peine, mon employeur. Un mois, c'est très court mais aussi infiniment précieux pour découvrir ce pays que j'avais l'impression de connaître. Et qui devenait soudain un peu étranger.

C'est mon premier jour à l'usine.

À ce moment précis, ce vendredi 9 janvier, à cinq cents kilomètres de là, dans une petite commune de Seine-et-Marne, deux frères armés sont encore retranchés dans une imprimerie. L'imprimerie CDT (pour Création Tendance Découverte). À Paris, Amedy Coulibaly a pris une vingtaine de personnes en otage dans une épicerie, l'Hyper Cacher. Au sous-sol, une partie des clients se sont réfugiés dans un congélateur.

Ce matin, je n'ai pas pu m'empêcher de suivre les événements minute par minute à la radio, dans ma voiture.

D'écouter, abasourdie, une cinquantaine de fois la même phrase, le même témoignage. Depuis, le silence est retombé. Nous n'avons pas le droit d'allumer la radio ou la télé. Comme des enfants punis, mis au placard. Il me faudra attendre le soir pour apprendre qu'aucun bébé n'est finalement mort dans l'épicerie cacher.

Deux heures que j'ai fait la connaissance de Marilyn et que toutes les deux, nous disposons au même rythme des tranches de pâté de campagne du même calibre dans les mêmes barquettes en plastique sur la ligne 5 de l'usine de salaisons Monique Ranou à Quimper, zone industrielle du Troyalac'h.

Je me suis levée à quatre heures du matin pour prendre la route, Paris-Quimper d'une traite, la fatigue commence à me piquer les yeux. 14 heures-22 heures, deux pauses comprises. La température est de 4°. Sous le contact répété des tranches de pâté juste décongelées, je sens le froid s'insérer peu à peu dans l'interstice de mes gants, glacer le bout de mes doigts. La lingère m'a donné tout à l'heure un « gilet de froid », que j'ai hésité à mettre, forte tête. Désormais, j'ai compris.

Les mains gantées de bleu, avec mon cache-nez, ma charlotte, engoncée sous ma triple épaisseur de vêtements, j'ai l'impression d'être déguisée. Une petite fille grimée en chirurgienne sur le point d'opérer. Sauf que ma salle d'opération ressemble à une immense chambre froide ouatée, labyrinthique, sans aucun repère spatio-temporel, où l'on slalome entre des bacs remplis à ras bord de saucisses oranges, luisantes, de pâté de campagne, de filets de dinde premier prix, de tranches de jambon rose vif. Quand je suis arrivée tout à l'heure, c'est à une prison, glaciale, que j'ai tout de suite pensé. « On va te montrer ton tôlier ! » a rigolé le type dans sa guérite avant de m'entraîner dans le dédale des ateliers. J'ai frissonné.

Une porte, deux portes, trois portes, premier pédiluve, deuxième pédiluve, produit désinfectant sur les mains. On s'enfonce de plus en plus. Sur le sol en béton, mes chaussures de travail rigides et caoutchouteuses crissent à chaque pas. Deuxième lavabo, troisième lavabo. Enfiler les gants, enfin. Tiens, il n'y a pas de fenêtres dans les ateliers. Aucun endroit pour s'aérer le regard. Pas le droit à la lumière naturelle. Pas vraiment le droit à l'heure, et tant mieux. Pas le droit au téléphone portable non plus. Mon outil quotidien devient ici un objet interdit que certains rebelles planquent sous leur blouse. Une sorte de produit de contrebande qu'on sort précautionneusement, en jetant un œil coupable au cas où un chef passerait par là.

Il y a deux jours, c'est une simple phrase, une alerte reçue automatiquement sur mon portable en fin de matinée, qui m'a avertie qu'une fusillade venait d'éclater à *Charlie Hebdo*. J'étais au volant de ma voiture, ici, dans la zone industrielle de Troyalac'h, face à l'usine, quand j'ai entendu mon téléphone vibrer dans mon sac, sur le siège passager. C'est étrange et terrifiant, d'apprendre un drame, seule, en lisant une phrase lapidaire affichée sur un écran. J'ai dû relire l'alerte trois fois pour m'assurer que j'avais bien compris. Je crois que je suis restée deux heures comme ça, immobile derrière le volant, à écouter la radio égrener le nom des morts tandis que la pluie s'écrasait sur le pare-brise.

J'ai tenté de passer des coups de fil à des amis, à des collègues journalistes, mais je suis tombée sur les répondeurs. Tout à coup, mon projet me semblait dérisoire. L'agence d'intérim où je m'étais inscrite le lundi, à Quimper, m'avait appelée le matin même pour me proposer, à compter du surlendemain, une première mission chez Monique Ranou. Je ne pensais pas que ça irait si vite. J'étais immédiatement partie en repérage sur la zone industrielle. Et voilà qu'au même moment, tout explosait à Paris.

Je me suis demandé ce que je foutais là, perdue sous la pluie, dans ma voiture, entre ces entrepôts gris. Je ne voyais plus pourquoi il y aurait de la place pour moi, au milieu de ces vies si différentes de la mienne. J'avais deux jours devant moi. J'ai repris la route pour Paris.

Sur la voie express, j'ai commencé par me tromper de direction, en tournant au sud, vers Lorient. La nuit tombait peu à peu sur la route. Vers Rennes, les voitures se sont mises à me doubler en faisant d'insistants appels de phares. J'ai dû me rendre à l'évidence à la première station-service où j'ai pu m'arrêter : hormis mes veilleuses, mes phares à l'avant et à l'arrière ne fonctionnaient plus, ce qui rendait ma 207 presque invisible sur l'autoroute non éclairée. Le type derrière la caisse me fixait bouche bée, un peu désemparé.

« Je ne peux pas vous aider, je n'y connais rien en phares, moi, mademoiselle. Mais faites attention, là, c'est dangereux. »

J'ai fini la route avec mes feux brouillard, un peu sonnée.

Le matin, lorsque, après un détour chez un garagiste, je suis arrivée au journal, à Saint-Ouen, des hommes armés de mitraillettes filtraient les entrées. Alors que j'attendais mon tour, à un moment je me suis dit qu'il suffisait de fermer les yeux pour que le cauchemar se dissipe. Les policiers étaient toujours là quand je les ai rouverts. Ils se sont approchés. Spontanément, je leur ai souri.

Pendant la journée, je suis partie faire un reportage dans une grosse entreprise d'électroménager qui organisait une minute de silence sur l'ensemble de ses sites. Je suis arrivée en retard. Le patron, les cadres et le photographe m'attendaient à l'extérieur en tentant de se protéger tant bien que mal du froid sous un petit auvent. Agenouillés sur le goudron humide, ils essayaient d'allumer de petites bougies pour la photo mais à chaque fois, la flamme prenait, tremblotait quelques secondes puis le vent l'éteignait. Nous avons réessayé ensemble, nouvel échec. J'ai donc eu droit à une minute de silence ratée sans bougies, tant pis. L'essentiel n'était pas là.

Un homme s'est approché, un employé du service informatique, en se présentant comme musulman. Il ne voulait pas que je cite son nom, il se sentait honteux. Il m'a raconté sa vie, celle de sa femme, dans les années quatre-vingt-dix, la peur en Algérie. Pendant ce temps, un autre, un costaud un peu timide, restait en retrait. À la fin, il est tombé en larmes, d'un coup. Il était abonné. « Pour moi, Cabu, c'était "Récré A2", vous comprenez. » Pour moi aussi.

Puis je suis repartie. La nuit suivante, j'ai pris la route dans l'autre sens sans me tromper. Autour de moi désormais, ce sont des femmes en bleu qui s'activent, concentrées sur leur travail. Ou peut-être des hommes. Ici, nous sommes tous les mêmes bonshommes bleus et ça me rassure. La tête recouverte de capuches, munis de casques anti-bruit. Je ne croise que des regards. Des regards intrigués, ou en forme de sourire. On me souhaite la bienvenue.

Sur ma ligne, la chaîne est recouverte de barquettes en plastique remplies de pâté parsemé de petites taches grises. Des champignons. À aucun moment ne me vient l'idée de le goûter. Marilyn et moi empoignons les tranches comme s'il s'agissait d'un objet un peu grossier, un peu dégoûtant. L'odeur, déjà, est vaguement écœurante. Et la texture mousseuse de ces pains de « terrine de campagne Monique Ranou », 2 euros la barquette de 180 grammes étiquetée « porc français », 1,50 euros en « L. S. », pour « libre-service », ne me met pas vraiment en appétit.

Avant le pâté de campagne, je me suis attaquée à des tranches de « mousse de canard au sauternes » revêtues d'une fine couche de gelée jaunâtre et tremblotante. Même prix, même poids. Le sauternes m'évoque des châteaux du Sud du Bordelais baignés de soleil. Un vin liquoreux au coût relativement élevé, réservé aux tables de fête, en fin d'année, avec le foie gras. Je me demande bien où se planque le sauternes, dans cette mousse de canard de Monique Ranou. D'ailleurs, je me demande bien qui est cette Monique.

Marilyn me dit que quand elle fait les soldes, elle se fait avoir et finit toujours par repartir avec un vêtement non soldé.

Je fais pareil. Un vrai piège, les soldes. Elles ont commencé mercredi matin, quelques heures avant la tuerie de *Charlie*. Je crois même que ça n'a pas marché très fort ce jour-là. Ma nouvelle collègue me parle de sa mère, elle se fait du souci pour elle, qui doit aller à Paris demain pour prendre l'avion. Vue du Finistère, la capitale est à feu et à sang. Elle ajoute que c'est toujours la même chose dans la vie : il ne faut pas être « au mauvais moment au mauvais endroit ». Elle ponctue sa phrase par cette expression, que j'ai toujours trouvée jolie : « C'est au petit bonheur la chance. »

Au-dessus de nos barquettes, nous arrivons un peu à parler. Pas vraiment une conversation suivie mais le bruit des machines reste contenu et nous permet d'échanger quelques phrases sans nous époumoner. Marilyn est née à Quimper, a toujours vécu à Quimper et elle doit avoir à peu près mon âge, une trentaine d'années. Elle a de grands yeux doux et charbonneux. Tout à l'heure, alors que nous étions « en civil », je me suis rendu compte qu'elle était quelqu'un d'autre une fois qu'elle retirait sa charlotte. Une femme aux longs cheveux blonds qu'elle ramasse en boule et couvre pendant le travail.

Avant l'usine, Marilyn était vendeuse. Puis elle a voulu changer et, en attendant de trouver mieux, elle s'est inscrite dans une agence d'intérim. Voilà six mois qu'elle attend, en travaillant à la chaîne. Un jour le pâté, le lendemain le jambon ou le « blanc de dinde doré au four » tout juste décongelé. Et elle ne s'y trouve pas mal : « L'ambiance est bonne. Ils ne sont pas trop chiants. » Au tout début, je lui ai posé cette question un peu naïve : « Et ça va, ça te plaît, ici ? » Sous sa charlotte, elle m'a regardée avec ses grands yeux ronds, surprise. Mettre des bouts de pâté dans des barquettes, ça ne peut plaire à personne.

À la deuxième pause, la grande, celle d'une demi-heure, je sors fumer une cigarette. Dehors, l'air de janvier me paraît très doux, il pleut légèrement et, surprise, la nuit est tombée sur l'immense paquebot de Monique Ranou. Nous nous serrons sur les bancs, sous l'abri des fumeurs, simplement heureux d'être là, de pouvoir enfin nous asseoir et respirer l'air du dehors, les doigts cramponnés à la chaleur de la clope. Je sens des regards se poser sur moi. Je n'arrive pas à déterminer s'ils sont ou non bienveillants. Je me sens jaugée. Bleue parmi les bleus. La nouvelle intérimaire un peu débraillée qui met sa charlotte de travers. Tout à l'heure, des anciennes de l'usine m'ont fait les gros yeux, aux sens propre et figuré. Ma blouse n'était pas boutonnée jusqu'en haut. Des mèches de cheveux dépassaient de ma charlotte. J'ai corrigé le tir, disciplinée, sans moufter. À l'usine, c'est un peu comme au couvent, me suis-je dit, il faut savoir se tenir, les mères supérieures rôdent.

Sur les bancs des fumeurs, ça vanne, ça balance quelques blagues. Certains lisent à voix haute, devant la petite assemblée étonnée, les nouvelles qui tombent sur leurs portables. Qui est mort ? Qui est vivant ? Qui est ce type, là, le grand Black ? Il ressemble à un acteur, non ?

« Ça va, toi ? Pas trop dur en ce moment l'intérim ? »

Je lève les yeux et je vois la lingère qui m'a donné ma tenue de travail tout à l'heure. Elle me regarde, compatissante.

« Ça va, je trouve des petits trucs, je réponds, dans le vague.

— C'est dur, je sais. Ici, ils ont arrêté le travail de nuit depuis janvier. Il y a besoin de moins de monde. Il y a de moins en moins d'intérimaires, de moins en moins de travail. »

Avant de remonter dans le cœur du réacteur, je fais un détour par la salle de pause. De longs couloirs, murs blancs immaculés et tables blanches d'hôpital dans une odeur de plats réchauffés au micro-ondes. Ne pas coller ses microbes sur la poignée de la porte, s'il vous plaît. Je ne sais même pas comment ouvrir la porte, du coup. Mes hésitations, ma gaucherie m'agacent. Cappuccino sucré, thé au citron ou soupe à la tomate avec croûtons dans le gobelet en plastique qui brûle. Allons-y pour la soupe, c'est l'heure de toute façon. 30 centimes. J'ai la monnaie.

Devant moi, j'ai le choix entre une table d'hommes et une table de femmes. Je m'assieds à côté de Nathalie, ma chef de ligne. Je lui souris, elle m'est plutôt sympathique. J'ai remarqué qu'elle n'abusait pas de son autorité dans les ateliers, qu'elle ne stressait personne. « Tu fais ce que tu peux, au rythme que tu peux. » Cette phrase, je me la répéterai souvent. À leur table, derrière, les hommes se charrient, parlent d'un nouveau resto qui vient d'ouvrir à Quimper « avec un menu à 15 euros ». « Un super bon plan », s'enthousiasme le plus jeune. À la mienne, entre les peaux d'orange et les barres de céréale qu'on sort des sacs en plastique Camaïeu rouge et blanc, les regards sont plus graves.

Le coupable, je m'en rends compte, est un numéro du magazine *Capital* qui passe de main en main avec un dossier en couverture sur l'optimisation fiscale. Mais tout le monde s'en fiche de ce dossier. L'article que mes collègues se passent, lisent avec le plus grand sérieux, dans un mélange de fébrilité et d'excitation contenue, concerne la loi sur la pénibilité au travail. Rien ne sert d'espérer mais quand même, pourquoi pas, un jour, hein, si ça arrivait, pas grand-chose, juste un peu de fierté de passer ses journées, ses semaines, sa vie dans un grand réfrigérateur à mettre des tranches de pâté dans des barquettes.

Nathalie a fini l'article, elle balance le magazine sur la table en soupirant.

« De toute façon, ça ne sera pas pour nous. Il n'y aura pas de rétroactivité pour les anciennes. »

L'excitation retombe. Après, plus personne ne dit un mot, le silence de nouveau, comme un couvercle en plastique qu'on referme hermétiquement. Au mur, la « SCO Monique Ranou TV News », la BFM TV de l'usine, est allumée. Quelques esseulés ont les yeux rivés dessus, hypnotisés, en mâchouillant leur dîner. Des phrases défilent en silence sur l'écran. La prise d'otage de l'Hyper Cacher, suivie de la date de la marée du siècle. L'événement spectaculaire à ne pas rater le 21 mars prochain. Partout, on pourra marcher des kilomètres à pied. L'océan se sera retiré, on ramassera des couteaux, des bigorneaux, des coquilles Saint-Jacques.

II.
Ceux qui ne déménagent pas

Près de Monique Ranou, il faut se représenter les soixante-huit hectares de la zone industrielle du Troyalac'h. Les entrepôts rectangulaires, imposants, à perte de vue. Les poids-lourds qui font leur va-et-vient.

« Tiens, ça sent le biscuit. »

Nous venons de sortir sur le parking. La nuit est sans étoiles. Tandis qu'une ondée très fine forme de petites flaques sur le bitume, l'odeur chaude de biscuit beurré me saisit, en effet. Dans ce décor industriel, c'est inattendu.

« Il va pleuvoir. »

À ma droite, une ouvrière d'une cinquantaine d'années, une ancienne, petite et maigrichonne, le dos un peu voûté, l'air sombre, déterminé. Elle a pris un ton solennel pour me dire ça.

« Tu sais, c'est les biscuits Filet bleu, juste à côté. Les vents ne mentent jamais. »

Je souris. Je lui fais remarquer que ça ne va pas changer grand-chose vu que de toute façon, il pleut déjà.

« Jamais je ne me trompe ! Quarante ans que je suis là et le biscuit, c'est la pluie qui vient », assène-t-elle, piquée au vif.

Filet bleu, c'est une institution à Quimper. L'usine se proclame « spécialiste de la biscuiterie bretonne sèche et chocolatée » depuis 1920, avec des centaines de références commerciales. Autant de petits gâteaux qui sortent chaque jour des cinq lignes de production. À côté, voilà Monique, spécialisée dans le pâté et le jambon. L'entreprise a aussi sa petite renommée dans le Sud-Finistère.

« Là-bas, les cadences sont rapides et on se les pèle », m'avait-on prévenue. Pour ce premier contrat, mon intitulé de poste annonce « mise en alvéoles de jambons », sans plus. Je n'ai pas encore compté les différentes lignes mais il doit y en avoir une bonne dizaine. Quand j'arrive le deuxième jour, on me met d'office au jambon, sur la 8. Cette fois, je travaille seule, en début de chaîne. C'est à moi que revient la tâche de poser les « pains de jambon » sous vide, décongelés et reconstitués, sur la chaîne, avant qu'ils ne passent à la trancheuse. Deux ouvrières prennent la suite pour s'assurer que les tranches sont bien placées dans les barquettes.

J'ai un outil très coupant, dont j'ignore le nom, qui me permet de faire une entaille dans l'emballage en plastique du jambon et ainsi de déverser par terre la gelée visqueuse dans laquelle il baigne. En dix minutes, mon jean est trempé et je patauge allègrement avec mes chaussures de travail sur un sol de plus en plus glissant. Qu'importe. Cette fois, j'ai un poste entier à gérer et à nettoyer toutes les demi-heures. Le bon fonctionnement de la ligne 8 repose sur mes épaules. Tout à l'heure, la chaîne s'est emballée et un embouteillage de jambons s'est formé en quelques secondes devant moi. Ne pas paniquer. Je me suis rendu compte que je ne faisais pas le poids, face à la machine. Je ne suis là que pour l'assister.

Pour venir, j'ai emprunté la quatre-voies, tourné autour d'une ribambelle de ronds-points, dépassé sur la droite le magasin d'usine Armor Lux où l'on trouve ces belles marinières qui ont servi à un ministre pour faire la promotion du *made in France*. Aujourd'hui, ce frondeur a quitté le gouvernement. Je ne sais pas trop ce qu'il devient. Je crois qu'il veut monter sa boîte, lui aussi. En attendant, il est entré au conseil de surveillance d'une entreprise. J'imagine qu'il ne porte plus de marinière.

En venant de la ville, entre deux ronds-points, on croise aussi une zone commerciale. Un magasin discount de bricolage, un hôtel B and B avec la chambre double « à partir de

47 euros la nuit », un restaurant de la chaîne La Pataterie, qui sert des cafés gourmands qui ne s'appellent bizarrement pas « cafés gourmands » mais « cafés plus ».

Quand j'arrive devant l'usine, la masse du bâtiment m'écrase à chaque fois. Il en impose, avec ses cheminées, les caristes qui arpentent le parking, les différents quais et leurs numéros rouges. Sur le parking, deux indications menant à deux vestiaires différents : « Cru », « Cuit ». Pour moi, c'est « Cuit ». Le jour où ma conseillère d'intérim me l'a annoncé au téléphone, j'ai failli lui répondre que ça commençait bien.

Je n'ai pas le droit de me servir du parking des salariés. Je me gare devant, avec les visiteurs, et je dois taper un code pour passer le portail grillagé. Le soir, après le travail, je marche plus longtemps que les autres pour rejoindre ma voiture. Comme une façon de me rappeler que je suis en sursis, que je ne fais pas partie du staff officiel.

J'ai appris que c'était en 1905 que les époux Rannou – avec deux *n* – ont monté leur société de jambons, pâtés et saucisses. En 1967, leur belle-fille Monique prend les rênes de l'entreprise. Son mari, Jean-Pierre, se réserve l'aspect technique et laisse sa femme gérer le marketing. Un visionnaire, ce Jean-Pierre. « Monique Rannou fixa à la charcuterie quimpéroise un objectif simple mais qui s'avéra déterminant : faciliter la vie des femmes », peut-on lire dans un article qui lui a été consacré[1].

Elle invente le premier jambon cuit sous vide, qui vaut à son entreprise un prix au Salon de l'innovation alimentaire, le SIAL, en 1980. Ce même jambon sous vide que je dois placer sur la chaîne. Le slogan est alors : « C'est si bon, de faire confiance à une femme… » En 1998, Monique a rendu son tablier en revendant ses parts à Intermarché. L'enseigne a décidé de garder le nom, qui fleure bon l'authenticité et la

1. Julie Delvallée, « Mais qui est Monique Ranou ? », *LSA*, mai 2014.

campagne bretonne, mais en enlevant un *n* à Rannou, par souci de simplicité. Encore aujourd'hui, Monique Ranou emploie majoritairement des femmes.

Je n'avais jamais travaillé sur une chaîne. Je découvre tout, ou presque. La première fois que j'ai mis les pieds dans le Finistère, c'était lors d'un reportage en août 2013, un an et demi auparavant. Le volailler Doux avait été placé en redressement judiciaire depuis longtemps. À l'époque, on parlait surtout des difficultés de l'abattoir de porcs Gad, de l'usine de saumon de Poullaouen Marine Harvest. Les Bonnets rouges n'existaient pas encore. L'écotaxe mijotait tranquillement quelque part dans les tiroirs des ministères.

Je n'étais pas venue pour parler de l'impôt qui mettrait le feu aux poudres à l'automne ni d'ailleurs pour visiter une usine mais l'occasion s'était présentée et ce que j'y avais vu m'avait frappée, comme ce qu'on m'avait dit sur le rôle déterminant de l'Europe dans cette région plutôt isolée du reste de la France. Ces ouvriers semblaient mieux connaître les mécanismes de l'Union européenne que moi.

Je découvrais surtout une image de mon pays et du monde du travail qui ne rentrait pas dans mes cases. Un univers que je ne connaissais pas, et dont je ne soupçonnais pas l'existence, en pleine campagne, dans un décor de carte postale entre deux églises et à quelques kilomètres de l'océan. Un milieu rustique, à la fois rural, industriel et mondialisé. Cette classe ouvrière qu'on disait en voie de disparition, qui s'éteignait en tout cas peu à peu autour de Paris, en Seine-Saint-Denis, dans l'Oise, était là. Nombreuse, en bloc, emmitouflée dans des blouses et des gilets de froid à manipuler du poulet, du porc ou du saumon. Un peu frigorifiée mais vaillante, très féminine, docile aussi.

J'ai longtemps repensé à ce que j'avais vu et ce que j'avais cru comprendre. Pourquoi étais-je passée toutes ces années à côté de cette réalité ? Comment ces hommes et ces femmes étaient-ils devenus invisibles, pourquoi avaient-ils disparu des écrans radars, de l'attention du pouvoir médiatique et politique ? La distance, la situation périphérique n'expliquaient pas tout.

Quand les médias nationaux parlent de la Bretagne, c'est souvent teinté de folklore. Les pêcheurs en colère, les paysans en colère, les choux-fleurs sur les routes. Depuis les émeutes de 2005, les journaux se sont concentrés sur les problèmes des banlieues, les jeunes des cités, délaissant un peu les zones rurales ou périurbaines qui ont continué à vivre, à se développer dans une forme d'indifférence. À vieillir aussi. Je travaillais alors en banlieue parisienne, l'arpentant de long en large. J'avais la certitude que c'était là qu'il fallait être, là que se jouait la France du moment et celle de demain.

Contrairement à la sidérurgie ou à l'automobile, le secteur de l'agroalimentaire s'est développé récemment en France. Ces femmes et ces hommes n'existaient pas avant les années cinquante, ils n'ont pas inspiré de célèbres romans naturalistes. L'ouvrière de l'agroalimentaire et sa charlotte bleue n'est pas ancrée dans l'imaginaire collectif. Les abattoirs et usines n'ouvrent que très rarement leurs portes aux journalistes. Quand ils le font, les médias s'intéressent davantage aux scandales alimentaires, aux règles d'hygiène, à la traçabilité, aux méthodes d'abattage. Ce n'est pas le travailleur qui intéresse, c'est le consommateur.

D'ailleurs, cela fait longtemps que le travailleur s'est lui-même coupé du pays, divorçant, comme beaucoup, avec les partis traditionnels, à commencer par ceux de la gauche. Et répondant à l'indifférence par l'indifférence.

À l'automne suivant, une manifestation dégénère un peu sur le pont de Morlaix. La colère s'empare de la Bretagne par le Nord-Finistère. À Paris, on découvre, plutôt estomaqués, la souffrance de l'industrie agroalimentaire sous les traits d'une femme, gilet rouge de syndicaliste sur le dos. La vidéo fait le tour des réseaux sociaux. On y assiste à un face à face étonnant.

D'un côté, en plan serré, cette petite femme, échevelée, la mâchoire serrée, les yeux brillants, exorbités. Elle fixe la maire de Morlaix, cheveux courts, lunettes, chemise bleue rayée et veste vert sombre. La maire est décontenancée mais elle garde son calme. L'ouvrière, elle, sort complètement de ses gonds. Elle scande ces mots : « Ce n'est pas normal, ce n'est pas normal. Vous nous avez promis des choses et on ne voit rien ! On ne voit rien ! Comment on va faire pour rester vivre ici ? »

La tension monte, la foule se masse autour de la syndicaliste. Elle finit par hurler : « Vous êtes sur le terrain ? Venez sur le terrain. Venez avec moi chez Doux. Venez avec moi travailler à la chaîne. Venez emballer les poulets, vous verrez ce que c'est. Vous n'avez rien fait. Pas plus les élus de droite que de gauche. Et vous allez voir, la Bretagne, quand elle va se réveiller ! »

Les semaines suivantes, il y a d'autres défilés à Quimper, à Carhaix, d'autres rassemblements, un mouvement un peu diffus, confus vu de Paris, avec ces ouvriers, ces petits patrons, ces chauffeurs routiers défilant parfois derrière des drapeaux bretons, pour la région, contre la France, pour l'Europe, on ne sait plus. « Vivre et travailler au pays », disent-ils. Un slogan des années soixante-dix.

Quand j'ai revu plus tard cette vidéo de la confrontation entre Nadine Hourmant, syndicaliste Force ouvrière chez Doux, et la maire UMP de Morlaix Agnès Le Brun, je me suis dit que j'avais finalement répondu à une invitation qui ne m'était pas destinée. Que j'avais sans doute eu envie de voir ce que c'est, cette France-là. De prendre un peu mon temps, pour une fois. Tenter de m'extraire du rythme à la fois excitant et frustrant de l'actualité.

Je voulais sortir des interviews calibrées, des réponses toutes faites. Ne plus m'imposer une distance parfois artificielle avec les gens que je rencontre. Tel est le lot commun de ce métier que j'ai la chance et le privilège d'exercer. Une image efface l'autre. Une info tue l'autre. Chaque matin, quelles qu'aient été les émotions de la veille, on se lève et il faut tout ravaler. Porter un regard neuf, pédagogique, rester impartial, raconter une nouvelle histoire. Pas trop longue, pas trop déprimante. Pourtant, j'ai la conviction que la plupart des histoires ne sont pas spectaculaires. Elles peuvent même parfois être un peu ennuyeuses.

Je ne viens pas d'un milieu ouvrier, plutôt bourgeois. Mon père, pédiatre urgentiste, a grandi dans la banlieue Ouest de Paris. Ma mère est une fille d'artisans de la campagne bas-normande, le pays d'Auge. Elle a arrêté, jeune, son activité professionnelle. Petits, avec mon frère et mes sœurs, nous faisions le grand écart entre leurs deux mondes.

Ils se sont installés à Rouen, à mi-chemin. Rouen est une petite ville bourgeoise traversée par la Seine et ses porte-containers, bordée d'usines fumantes, parsemée de musées et d'églises, tiraillée, justement, entre la campagne et la côte normande, d'un côté, et Paris de l'autre.

Je m'y suis plu sans m'y attacher profondément, j'en suis vite partie. J'avais le choix. Il m'est arrivé de me demander ce qu'aurait été ma vie si j'étais restée là-bas. Le rôle du territoire, du milieu familial et de la classe sociale dans la construction des identités m'a toujours intéressée. La force et la détermination qui poussent certains, pour exister, à s'affranchir de leurs origines. Parfois en douceur, de manière naturelle, évidente. Parfois aussi dans la douleur, la brutalité.

À l'inverse, d'autres embrassent leur milieu, s'ancrent sur leur territoire, en absorbent les codes, qu'ils appliquent tout au long de leur vie. Ont-ils vraiment le choix ? Ce sont eux qui m'intéressent. Ceux qui ne déménagent pas. Ceux qui restent, respectent la tradition. Je voulais les rencontrer, discuter avec eux, tenter de les comprendre.

Pour cela, il fallait que je sorte de ma vie. La clandestinité que ma démarche impliquait n'est pas confortable mais je n'avais guère le choix. Bien d'autres journalistes l'ont fait avant moi, dès les années soixante-dix, en Allemagne ou aux États-Unis. En France, cette méthode a été beaucoup employée ces derniers temps dans différents milieux difficiles d'accès, ce qui suffit à la justifier.

Si j'avais adressé une demande officielle à la direction d'une usine bretonne, elle aurait immédiatement été écartée. Vouloir travailler, ne serait-ce que quelques semaines, comme ouvrière, le projet aurait suscité de la moquerie, voire de la méfiance. Le responsable de la communication m'aurait octroyé une visite express comme celles qu'on réserve à la presse, avec témoins castés, discours prémâché et coupette de champagne. Vis-à-vis des ouvriers, la relation aurait été biaisée. J'aurais immédiatement été cataloguée dans la catégorie des « dominants », des « institutions », des « Parisiens » et je connaissais d'avance la mise en scène, les réponses monosyllabiques qu'on m'aurait servies de mauvais cœur.

Je n'ai donc pas menti sur mon nom, mon lieu de naissance, mon âge mais je me suis inventé un nouveau parcours. Une vie brinquebalante faite de boulots mal ficelés, en pointillés, d'allers-retours entre la Normandie et Paris. Sur mon CV, une première année de DEUG de lettres, un BTS « action commerciale », comme dans les années quatre-vingt-dix, des contrats saisonniers dans les abattoirs près de chez mes parents pendant mes études, il y a plus de dix ans. Et aujourd'hui, une nouvelle vie, avec un projet de reprise d'études dans le tourisme et le besoin de gagner de l'argent, maintenant, tout de suite. Même pour faire un boulot pénible payé au SMIC, c'est-à-dire à 9,61 euros nets de l'heure.

Mon parcours n'a pas étonné car il n'était pas étonnant. En chemin, j'ai croisé quelques personnes du même âge, dans la même situation – cet entre-deux un peu flou. En général, les agences d'intérim ne cherchaient pas à en savoir plus. Je disais aussi que j'étais en bonne santé, que je voulais juste travailler. J'aurais été prête à leur ouvrir ma bouche pour leur montrer mes dents ou à gonfler artificiellement mes biceps. Deux bras, un numéro de sécu et une voiture, ça leur suffisait. Le reste, ma vie, mes motivations, ils s'en foutaient.

III.
L'ABATTOIR

Entre Quimper et Brest, s'étend le Centre-Finistère. La fin de la terre. Le bout du monde et le début de l'océan. Vu de Paris, du moins. En breton, le département s'appelle *Penn-ar-Bed*, ce qui se traduit aussi par « le début du monde ».

Ce décalage me plaît, comme un pas de côté qui permet de regarder le territoire sous un autre angle, en inclinant légèrement la tête, en s'excentrant. C'est ici, dans cette zone un peu oubliée des caméras et des appareils photos des touristes, que j'ai donc décidé de m'installer. Si le hasard m'a d'abord entraînée chez Monique Ranou, c'est chez Doux que j'avais commencé par postuler en arrivant. Mon projet était de travailler à la chaîne dans un abattoir de volailles, et ce groupe possède le plus grand de France.

Je savais qu'y étaient employées des femmes payées toute leur vie au SMIC, une main-d'œuvre fidèle, stable, travailleuse. Contrairement aux abattoirs de porcs, où les conditions sont tout aussi pénibles mais où la main-d'œuvre est essentiellement masculine. Les usines, ici, sont implantées sur un relief verdoyant et un peu vallonné, parsemé de petites communes, de villages parfois isolés, loin des ports de la côte atlantique, des huîtres et des sardines, des rochers qui tombent à pic. Plouguerneau, Plougastel, Pleyben. En breton, le préfixe *plou* désigne la communauté, la paroisse. Au XIXe siècle, le « plouc », c'était le paysan breton.

Dans ce bout et ce début du monde, le royaume du poulet halal, Doux, a pris ses aises depuis les années soixante. Un coin de France périphérique, isolé de Paris mais entièrement dévoué à l'économie mondialisée, davantage tourné vers l'océan que vers la terre. En Arabie saoudite, il paraît qu'on ne dit plus *poulet*, mais : « Je veux un Doux, s'il vous plaît. » « Une notoriété spontanée », comme disent les gens du marketing.

Pour autant, le volailler a déposé son empreinte dans le paysage du Finistère. Son nom, quatre lettres géantes et colorées, surgit près de la voie express qui relie Quimper, au sud, à Brest, au nord. Un repère quand on est perdu dans ses pensées au milieu de cet entre-deux finistérien. Un moyen, pour les enfants assis sur la banquette arrière, de savoir qu'on arrive bientôt à la maison.

Petite, je comprenais que je quittais Rouen quand je voyais à travers la vitre de la voiture, sur l'A13, une immense boule brillante surmontée de flèches. Je me rappelle que je la trouvais plutôt vilaine mais elle m'était devenue familière, donc sympathique. Surtout, elle était pour moi le signal du départ, le début de l'aventure. J'ai appris plus tard que cette sculpture colossale en métal s'appelle *Sur la trace des Vikings* et qu'elle est l'œuvre d'un illustre inconnu, Georges Saulterre. À l'époque, je n'imaginais pas que ce monument de l'art autoroutier avait sans doute fait l'objet de longues concertations, d'un appel d'offre et, finalement, d'un chèque important. C'était juste mon paysage.

Dans le Finistère, sur la commune de Châteaulin, l'entreprise Doux marque le territoire en même temps que l'esprit des enfants. Elle est le paysage.

Derrière les lettres géantes, se découpe un bel immeuble aux vitres rutilantes. Quand j'ai postulé, le premier jour de mon arrivée dans le Finistère, avant de m'inscrire à l'agence d'intérim qui m'enverrait chez Monique Ranou, c'est ici que je me suis naturellement dirigée.

Cette zone industrielle, qui ressemble à peu près à n'importe quelle autre zone industrielle, s'appelle Lospars. À vrai dire, l'immeuble de Doux ne colle pas vraiment à l'image que j'avais d'un abattoir – de « l'abattoir le plus productif d'Europe », tel qu'on me l'avait présenté. « L'Europe tout entière au milieu de la Bretagne. Les trois-huit à la chaîne. » À la place, me voici nez à nez avec un beau hall d'entrée lavé tous les jours, un bureau d'accueil accueillant, en effet (on se croirait au rez-de-chaussée d'une tour de La Défense), une architecture fonctionnelle, un peu clinquante. Avec mes baskets et mon jean, je me sens comme un mouton de poussière qu'on aurait oublié de balayer.

« Bonjour. Je veux postuler à l'abattoir. C'est bien ici ?

— Ah non, mademoiselle ! Mais vous n'êtes pas la première à vous tromper. Il faut faire le tour, passer sous la petite passerelle transparente. Il est derrière, l'abattoir. »

J'y suis. L'abattoir est donc planqué derrière le siège administratif. La face cachée du groupe. Une sorte de verrue qu'il vaut mieux ne pas voir de la route, et dans laquelle il vaut mieux ne pas trop se regarder, j'imagine – les façades-miroirs sont réservées au siège, dont j'apprendrai plus tard que les gens de l'abattoir le surnomment « la tour de verre » ou « le palais des glaces ». Ce qui situe le bâtiment entre le building du quartier d'affaires et l'attraction de fête foraine. Soit, à sa juste place.

Sur le parking, derrière la passerelle, une écœurante odeur de poulet et des nuées de mouettes, qui ressemblent à des rapaces planant au-dessus des cheminées. Voilà les « corbeaux de la Bretagne », des corbeaux gris et blancs qui poussent des cris perçants.

La suite n'est que formalités. La fiche de renseignements à remplir, qui vient nourrir une pile touffue de candidatures. Le chef de production que je demande à voir, et qui n'est pas là. Le sourire d'Élodie, à l'accueil, qui me prévient :

« Vous savez, il y a beaucoup de gens qui passent ici. Parfois, il refuse de les voir. Ça l'agace, ça lui prend trop de temps, tout ces gens qui sont là, qui cherchent du boulot. Alors mieux vaut ne pas trop insister pour ne pas l'agacer. »

Je me dis que ça en fait, du monde, à vouloir être payé au SMIC dans un milieu réputé pénible. J'avais entendu le contraire. J'explique ma situation à Élodie et, le lendemain, je prends le risque d'agacer tout le monde en repassant vers 10 heures. Mais M. Rovert, le chef, n'est pas encore arrivé. Élodie ne semble pas surprise de me voir. Elle m'a à la bonne. Elle m'appelle sur mon portable une dizaine de minutes après mon départ.

« Il est là ! » me glisse cette complice d'un jour.

Je rebrousse chemin. Le chef est parti en réunion, comme tout chef qui se respecte. Pas grave. Je m'assieds dans le couloir, je l'attends. Sur le bureau d'Élodie, trônent quelques décorations de fêtes et une boîte de chocolats familiale où des cadres et responsables de production, vêtus de blouses blanches, viennent piocher de temps à autre.

Des plaisanteries circulent. Élodie a un mot pour chacun. Je repense un instant à mon lieu de travail habituel, dans l'*open space* à Saint-Ouen, aux boîtes de chocolat qui doivent s'amonceler sur les bureaux en ce début d'année. On entend toujours les mêmes remarques, les histoires de régime à venir, les mets trop copieux qu'on a ingurgités pendant les fêtes. Élodie se lève de son bureau et me tend sa boîte.

« Tenez, vous y avez droit, vous aussi, il n'y a pas de raison ! »

Je suis tendue. J'essaie de me concentrer sur les bruits, les images. Face à moi, une grande publicité pour Doux. On y voit en gros plan une femme très maquillée qui ouvre grand ses yeux et sa bouche, où elle engouffre une fourchette chargée de filaments un peu secs de viande grillée. Est-il nécessaire d'être maquillé comme un camion volé pour manger du poulet Doux ? De toute façon, le poulet sur la fourchette ne me tente guère. Sans doute parce qu'il ne ressemble plus du tout à du poulet mais à une sorte de matière non identifiée, filandreuse. Le *chicken* 2015, celui qu'on trouve, stade ultime de la transformation de la volaille, en nuggets dans les fast-foods du monde entier, le poulet « à préparer minute ».

Des voix s'élèvent du bureau de M. Rovert. La réunion commence et je m'aperçois que je peux suivre l'intégralité des discussions. Il y est question des effectifs sur la chaîne, des absences, mais aussi du budget et de la manière d'y adapter les effectifs. Le quotidien de toutes les entreprises. Sauf qu'à l'usine, la main-d'œuvre, nombreuse, est particulièrement mouvante. Il suffit qu'une personne manque à son poste pour dégrader, ralentir et vouer à l'échec l'intégralité de la chaîne de travail.

Ce jour-là, ils évoquent une bagarre ou en tout cas un échange très vif entre deux ouvriers sur une chaîne. Le conflit « couvait depuis un certain temps ». J'entends aussi que Michel, l'un des caristes, a eu la veille un accident, ce qui lui vaut plusieurs jours d'arrêt. Une ouvrière, dont je ne perçois pas le prénom, est absente en raison d'un problème à l'épaule. Cette liste est égrenée comme une formalité administrative mais sans rancœur ni complainte. Juste la liste ordinaire des éclopés de la semaine. Je suis même surprise de la proximité que ces responsables semblent entretenir avec leurs ouvriers. Ils les appellent par leurs prénoms, les suivent personnellement. « On va peut-être rappeler Sylvie. »

Puis la réunion s'achève. Quelques personnes sortent du bureau. Un homme jette un coup d'œil dans le couloir. Je me lance.

« M. Rovert ? Je peux vous parler deux minutes ? Je vous attendais. »

Efficacité, concision. Je lui dis que j'ai besoin de travailler. Juste six mois. Que j'ai une voiture, que je suis disponible et que j'ai l'intention de reprendre une formation l'année prochaine, histoire qu'il comprenne qu'il pourra se débarrasser de moi quand il le souhaitera. Je finis par cette formule un peu publicitaire, qui me vient tout à coup :

« Si vous avez besoin de bras, je suis là. »

L'homme lit mon CV d'un air patelin.

« Merci. Où êtes-vous inscrite en intérim ? On peut vous rappeler. Jeudi, ou vendredi. »

Je hoche la tête avant de m'éclipser, après un détour pour remercier Élodie. Je lui dois une fière chandelle.

En partant de l'abattoir, dernier coup d'œil aux mouettes qui planent toujours au-dessus des cheminées. Je me demande si ce sont de bons ou de mauvais présages. Depuis que j'ai vu le film de Hitchcock, je ne contemple plus les nuées d'oiseaux avec la même insouciance. On dirait que ceux-là font leur nid sur le toit, attirés par l'odeur des fumées, pourtant insoutenable. On me l'expliquera plus tard. Comme des charognards, les mouettes convergent vers les restes des poulets.

IV.
Casques jaunes

Nous sommes quatre intérimaires, trois femmes et un homme, assis en demi-cercle autour de Fabrice, devant un écran d'ordinateur. La salle de formation est exiguë et surplombe les ateliers du conditionnement, « des cartons » comme on dit ici. M. Rovert a tenu parole, il a glissé mon nom, vendredi, à l'agence d'intérim de Châteaulin, laquelle s'est empressée de m'appeler pour m'annoncer la nouvelle. Adieu jambons, pâtés et saucisses. Je ne serai restée que deux jours dans l'atelier de Monique Ranou, à Quimper. Me voilà, ce lundi midi, chez Doux, « le roi du poulet », dans le vaste monde de la volaille surgelée.

« C'est simple comme bonjour ! » nous annonce Fabrice en souriant.

J'aimerais bien le croire. Il se charge de nous expliquer notre mission et, pour l'instant, je suis soulagée d'être accompagnée d'autres intérimaires. En même temps, je suis la seule à découvrir entièrement l'abattoir et je me sens un peu fébrile. Les autres ont déjà travaillé au conditionnement ici, dans le cadre d'emplois saisonniers, de CDD ou de missions intérimaires. Ils reviennent au charbon.

La raison officielle de mon arrivée à l'abattoir, telle qu'elle est inscrite sur ma fiche d'intérim, est curieuse : « Production de pattes à terminer dans les délais nécessitant un renfort de personnel. » Je suis embauchée à la semaine à Châteaulin pour un salaire de 9,61 euros horaire plus 1,068 euros de prime d'habillage-déshabillage. Mes tâches se composent de « conditionnement-étiquetage-mise en carton-port de charges lourdes ». Cette histoire incongrue de « pattes à terminer » me plaisait assez mais ce n'est finalement pas du tout ce que je vais faire. En réalité, je vais passer mes journées au conditionnement de poulets entiers, ailes, cuisses et pattes comprises.

Fabrice, comme tous les salariés de l'abattoir, porte une blouse blanche avec un petit poulet rouge et bleu sur la poche gauche. Mais, contrairement à nous, il n'a pas la tête recouverte d'une charlotte, cette fine mousse bleu clair vaporeuse. Il doit avoir une petite quarantaine d'années, a l'allure svelte, la peau noire, les cheveux courts et crépus, l'air avenant. Il ne manque pas d'humour. Sous sa blouse, il porte un jean.

Surtout, il est coiffé d'un casque jaune. J'imagine que pour avoir le privilège de porter un casque, il faut courir des risques à l'intérieur de l'usine ou posséder des compétences spécifiques. Le casque grandit son propriétaire, quand la charlotte a plutôt tendance à le ratatiner. La personne casquée a des responsabilités, des décisions à prendre, des ordres à donner, tandis que la charlotte est un couvre-chef modeste, qui invite à l'humilité. Fabrice est donc un chef. Pas un grand-grand chef. Mais un sous-chef, un chef d'équipe.

On me conseillera très tôt de me méfier des chefs, à l'usine. Une caste à part, celle des casques jaunes. Mais il y a aussi les casques verts, pour les plus grands chefs. Et les casques rouges, ceux des visiteurs, des gens de l'extérieur, les « Playmobil », les surnomme-t-on. Quelques ouvriers portent, pour mieux se protéger la tête, des casques blancs. Ce sont des spécimens assez rares. Les mauvaises langues disent que c'est pour se donner un air important. Pour impressionner les petites nouvelles, comme moi.

Le bureau des chefs est un espace vitré équipé d'ordinateurs, situé à l'entrée des ateliers, ce qui permet de tout voir, de contrôler l'espace. Les ouvriers l'ont baptisé « la Guillotine ». « Parce que tu ne sais jamais ce qui va te tomber sur la gueule quand tu passes devant. » Sur une des vitres de la Guillotine, en ce début janvier, est collé un *Je suis Charlie* gris clair et gris foncé. Le 7 janvier, les drapeaux ont été mis en berne devant l'entreprise, et une minute de silence a été organisée à midi dans les bureaux et les ateliers en hommage aux victimes. Les chaînes se sont arrêtées, le silence est tombé d'un bloc. Un moment assez rare pour que tous les ouvriers s'en souviennent.

Tous sont restés à leur poste, debout, pour ne pas trop ralentir le rythme de la journée. La grande majorité est demeurée silencieuse. Quelques-uns n'ont pas compris. Quelques-uns ont râlé. Ils auraient bien aimé continuer à travailler. Ils ne se sentaient pas trop Charlie, eux.

Dans la petite salle de formation, l'une des jeunes femmes, Armelle, explique qu'elle a interrompu son dernier CDD ici après avoir attrapé une tendinite. Elle évoque l'anecdote sans s'appesantir. Fabrice la sermonne en souriant à pleine dents :

« La prochaine fois, ce qu'il faut, c'est anticiper. Dès que tu as mal, tu le dis. On n'a jamais mangé personne ici. »

Julie, ma voisine de droite, est aussi ma voisine de vestiaire. Nous sommes arrivées ensemble à la lingerie et avons eu le temps de faire connaissance en nous harnachant avant d'entrer dans l'atelier de conditionnement. Sa voix est teintée d'un léger accent. Julie est née ici, comme ses parents. Elle s'y est mariée et vit quelques kilomètres plus loin avec son mari militaire et ses enfants.

« Tu n'as pas de cadenas pour ton casier ? Tu devrais en acheter un, tu sais, pour protéger tes affaires. Un petit, ça ne coûte pas cher. 2 ou 3 euros chez Leclerc. »

Dans les vestiaires, il y en a qui « défoncent tout », m'a dit la lingère tout à l'heure. À bon entendeur. Elle connaît ça, Julie. Son père travaille aussi chez Doux, dans un autre service, situé à quelques centaines de mètres d'ici. Je la regarde. Elle doit avoir une trentaine d'années, comme moi, ou peut-être un peu moins. Elle est fine, les cheveux blonds coupés court, le teint très pâle. Des lunettes rectangulaires un peu strictes encadrent son regard. Elle s'habille pratique, sans chichis. Un peu comme toutes les femmes ici. Un jean, des bottines ou des baskets basses, une polaire, des parkas imperméables sombres. Rarement des jupes, ou alors pour les occasions.

Julie a de l'expérience. Elle m'explique qu'elle a déjà eu plusieurs contrats chez Doux et dans tout l'agroalimentaire du coin. Une année ou deux, elle a été embauchée comme saisonnière à la fumaison de saumons juste à côté.

« Mais c'est plus dur là-bas. Il fait vraiment très froid. Ici, c'est beaucoup mieux, je préfère, rien que pour la température. »

Le boulot, de toute façon, est devenu une denrée rare. À l'origine, ma voisine de vestiaire a un CAP pour travailler dans la blanchisserie. Mais elle n'a jamais trouvé dans sa branche. Elle trouve ça complètement con, d'avoir un diplôme qui ne sert à rien.

« J'ai vraiment cherché, pourtant. Sur le Bon Coin, partout. Même sur le Bon Coin, il n'y avait rien. Pour les femmes, c'est dur. Dans le coin, il n'y a pas grand-chose. Les hommes, en intérim, ils trouvent toujours des postes techniques, des trucs dans le bâtiment, des postes de soudeur, des boulots de peinture, ils trouvent. »

Un peu résignée, un peu désabusée, Julie est finalement retournée à l'abattoir où travaille son père. Comme un navire contraint d'accoster quelque part, qui s'échouerait sinon. Elle me rappelle qu'elle a des enfants.

« Doux, c'est du boulot, comme n'importe quel boulot. »

Jérémie, le seul garçon de la bande, revient de loin. Auparavant, il bossait dans le porc. Les abattoirs, toujours. Il semble en garder un souvenir amer. Il parle du sang, « des viscères, des longs boyaux partout sur le sol ». Il grimace, comme si ces seuls souvenirs suffisaient à faire remonter en lui le dégoût. Jérémie est petit, assez trapu, cheveux blonds coupés court et sweat à capuche qui dépasse de la blouse. Il préfère le poulet. Au moins, c'est plus propre.

Devant nous, sur l'écran, défile un document Power Point avec des dessins un peu naïfs représentant des poulets et un bonhomme aux joues rondes coiffé d'une charlotte qui les manipule. Jusque-là, tout va bien. Même un enfant de 6 ans comprendrait. Puis Fabrice nous explique l'utilité de la « ligne de vie », dont l'existence, elle, ne me rassure guère. C'est le nom donné au fil rouge qui circule, en hauteur, le long de la chaîne.

« Si vous faites un malaise, si vous n'en pouvez plus, vous tirez sur la ligne de vie, ça coupe tout, et les responsables, au poste de contrôle, voient où est le problème », indique-t-il.

Il va sans dire qu'on ne tire pas sous n'importe quel prétexte sur la ligne de vie. À aucun moment, d'ailleurs, je n'oserai la tirer et je ne verrai l'un de mes collègues le faire. Tirer sur cette ligne, c'est reconnaître qu'on n'y arrive pas. Pire, c'est communiquer son échec à tous les autres, à l'ensemble de l'atelier. « Elle, là-bas, elle a tout arrêté et elle veut que vous le sachiez. »

Fabrice continue :

« À droite, vous avez les poulets. À gauche, les cartons. Ou peut-être que c'est le contraire. J'ai toujours confondu ma droite et ma gauche, vous vous débrouillerez ! » lance-t-il, badin.

Mais je n'ai pas du tout envie de plaisanter. En fait, depuis un moment, je m'interroge. Est-ce que je n'ai pas sous-estimé la radicalité du changement ? Des années que je passe une bonne partie de mes journées dans ma voiture ou dans un bureau à taper devant un écran d'ordinateur. Pour toutes contraintes, les embouteillages, le stress de l'urgence, quelques voisins qui haussent le ton au téléphone.

Est-ce que je serai capable de me lancer dans un travail manuel, routinier et fatigant, debout, dans un tel boucan ? Comme Fabrice, à vrai dire, j'ai toujours confondu ma droite et ma gauche. « Un problème de latéralisation » : c'est ainsi que je résume la situation quand, en voiture, les gens sont surpris de me voir soudain tourner à gauche alors qu'ils m'avaient dit à droite. J'ai parfois l'impression de flotter dans l'espace. À l'école, j'ai mis du temps à me rendre compte que j'étais gauchère, après avoir essayé de tout faire des deux mains. De toute façon, je n'ai jamais été adroite avec elles, même la gauche.

Me voilà donc, c'est un comble, manutentionnaire. À devoir charger, décharger des marchandises toute la journée. Vendre ma force de travail. Pour la première fois, je saisis l'entière signification de l'expression « main-d'œuvre ». Manipuler des bêtes mortes, ne compter que sur ces bras, ces épaules, ces muscles qui sont désormais mon bien le plus précieux, ce que je monnaye contre salaire.

« Michelle, tu vas l'aider. »

On me place au milieu d'une chaîne entre deux femmes, dont Michelle, une ancienne, qui me prend aussitôt sous son aile vigoureuse. C'est une femme aux yeux bleus, aux gestes assurés, qui pourrait être ma mère. Elle travaille sans gants, colore ses paupières d'un fard irisé et a même noué un foulard autour de son cou.

D'un côté, les poulets, qui tombent en continu dans une case en inox. De l'autre, les cartons qui circulent de manière discontinue sur la chaîne. Ma mission : mettre les poulets dans les cartons à raison de huit pièces par carton. Chaque volaille est étroitement emmaillotée dans un film en plastique aux couleurs du drapeau français : des poulets bleu blanc rouge dans des cases grises.

La difficulté consiste à ne pas me laisser submerger par les volailles, qui tombent parfois à un rythme soutenu, et à choisir le bon carton et la bonne étiquette, selon le poids du poulet. Difficulté relative : il n'existe que deux types de cartons, le choix est rapide. Les poulets pèsent de 650 grammes à 1,6 kilo. La prise d'initiative est inexistante. Les gestes ne sont pas très élaborés. D'ailleurs, ce sont toujours les mêmes. Michelle me conseille de retirer mes gants pour travailler, comme elle le fait.

Dès que j'arrive à sortir le nez de mes cartons, j'observe ces lieux où je vais passer les semaines à venir. C'est impressionnant. Et, en tout cas pour moi, particulièrement hostile. Un immense entrepôt au haut plafond de tôle. Gris, sombre, vieillot, humide, envahi d'un fracas permanent. Par surprise, nulle odeur de volaille. À l'inverse de ma première expérience, chez Monique, la température est ici tout à fait supportable.

Mais le bruit intense, irrégulier, des machines en mouvement est insupportable malgré les protections auditives qui calfeutrent mes oreilles. La palette est large, du grave vers l'aigu. Je distingue d'abord le son continu de cisailles qu'on actionne, comme une armée de ciseaux géants qui se refermeraient d'un coup sec, simultanément. Puis le grincement sourd de ferrailles qui s'entrechoquent. Le fracas crissant, désagréable des métaux l'un contre l'autre. Par moments, un souffle puissant, grave, dont je n'arrive pas à comprendre l'origine. Comme un train qui entre en gare.

Au-dessus de ma tête, virevoltent des poulets déplumés, sans tête, dégoulinant d'eau. Accrochés par les pattes, le cou tourné vers le sol, ils sont en mouvement perpétuel, comme s'ils effectuaient une sorte de danse macabre à l'adresse des ouvriers. Le hangar, éclairé au néon, avec son toit percé de petites lucarnes, laisse passer les courants d'air. De petites flaques se forment à droite et à gauche sur le béton. Quand il fait chaud dehors, il fait chaud dedans. Quand il fait froid, mieux vaut se couvrir.

Ce premier soir, je sors en état de choc, plaçant un pied devant l'autre mécaniquement pour pouvoir me glisser vers la sortie. Un pas, deux pas, trois pas – c'est bientôt fini. Autour de moi, mes collègues courent, se bousculent, échangent à peine trois mots. Vite, dépêchons-nous. Au déshabillage, les blouses et les charlottes s'arrachent, volent dans un frou-frou blanc et bleu vers les bacs à linge sale. Sur le parking, les moteurs chauffent dans la nuit en attendant les autres covoitureurs. Les solitaires sont l'exception.

Passé la pointeuse, c'est encore la course. Rares sont ceux qui fument une dernière clope avec les collègues. On ne fait pas de vieux os. Dans la zone industrielle de Lospars, sauf le Mac Do, aucun bar pour partager un verre après la journée de travail. 21 heures, c'est tard. Il pleut. Tout le monde a faim, un peu froid. La vie est ailleurs, loin d'ici.

Avant de mettre le nez dehors, je dois encore repasser par les vestiaires, me rechausser, fermer mon casier, ne pas oublier de pointer. J'accomplis ces dernières formalités au radar, en prenant sur moi. Je n'ai pas fait trois gestes que la quasi-totalité de mes collègues se sont évaporés dans la nature.

Au début, je logeais à Quimper. C'est là que j'ai passé mon premier dimanche, avant d'arriver chez Doux, celui de la marche républicaine où vingt-cinq mille personnes ont défilé devant la préfecture du Finistère. Ce soir, je m'installe à Brest, où l'on trouve des chambres à louer à la semaine plus facilement que dans la ville-préfecture. Quimper, avec ses rues pavées et ses musées, est une ville agréable, plus calme et bourgeoise que sa rugueuse et populaire voisine du Nord, et elle est plus proche de l'abattoir. Mais parcourir quarante kilomètres le soir pour rejoindre Brest me va bien.

Ma voiture file en ligne droite sur la quatre-voies déserte, tangue parfois sous les bourrasques de vent. J'écoute la radio dans l'obscurité, je respire, je suis bien. Et quand j'aperçois le pont de l'Iroise au loin, les grues, les portes-containers, les lumières du port qui ne dort jamais, je sens comme une familiarité. Ici, enfin, je vois l'horizon.

V.
Châteaulin

« Tu habites où, toi ? » me demande-t-on. Que je réponde Quimper ou Brest, c'est toujours la même remarque : « Et tu n'as pas trouvé de boulot, là-bas ? » Ce « là-bas » me surprend à chaque fois. J'ai l'impression qu'on me parle d'une autre région, d'un autre monde alors que Quimper et Brest ne sont pas loin, mais c'est la ville et la ville n'est pas à la portée de toutes les bourses. Ici, on pense ultra-local, on vit ultra-local. D'ailleurs, quand on fait le calcul, c'est très simple : travailler même à vingt kilomètres de chez soi coûte 250 euros par mois, le quart d'un SMIC. La mobilité, c'est un luxe.

Chez Doux, peu d'ouvriers habitent à Châteaulin, la commune attenante. Mais la plupart, en tout cas parmi les « anciens », se sont installés dans un rayon très proche. Ils migrent chaque jour des campagnes environnantes – Pleyben, Pont-de-Buis, Briec… Beaucoup sont nés dans un cercle concentrique de vingt kilomètres autour de l'usine. Certains ont passé une première vie, quinze ans, vingt ans, dans la première usine Doux du Finistère et, après la fermeture, ont été rapatriés au siège, ce que certains, même s'ils ne changeaient pas d'entreprise, ont vécu comme un déracinement. Depuis, la vie s'est organisée dans un périmètre dont les centres névralgiques sont l'usine, le domicile, le supermarché.

La deuxième population de l'usine, les plus jeunes, habite plus fréquemment en ville. Une minorité loue des appartements à plusieurs en attendant de prendre son envol. Le départ du cocon familial est plus tardif et tortueux que dans les années quatre-vingt. Sandrine, l'une de mes collègues, a un petit logement à Quimper, même si, durant la semaine, elle préfère habiter chez ses parents, près de l'usine, solution qui ne la satisfait pas, me dit-elle. Retourner au bercail alors qu'on a pris son indépendance, c'est une régression. Mais elle s'est rendu compte qu'elle faisait ainsi d'importantes économies. Quelques-uns habitent Brest, quand même. Le déplacement, pour eux, en vaut la chandelle, mais autant la réduire : les voitures sont pleines matin et soir pour partager les frais.

Le matin, en général, je me lève assez tôt, reposée, l'esprit clair, avec l'envie d'explorer les environs. Mes nuits ressemblent à d'abyssales plongées obscures et silencieuses où je croise des poulets bleu blanc rouge. Ce ne sont pas des cauchemars, juste des images désormais familières, celles qui peuplent mes jours. Ces nuits avec les poulets sont d'ailleurs plus reposantes que mes nuits parisiennes, la fatigue aide.

Je ressens alors physiquement le fait que les minutes passées en dehors de l'usine sont plus intenses, que la liberté retrouvée est plus grande, plus pleine. Qu'il pleuve, qu'il vente, je sors prendre l'air, j'arpente les rues de Brest. Je savoure chaque minute. Le café n'a jamais été plus corsé, le journal plus passionnant, l'air plus doux. Tout paraît neuf.

Sur la route, à la sortie de Brest, se succèdent des enseignes de grandes chaînes. De célèbres fast-foods, les mêmes hôtels bon marché avec Wifi et télé, un fleuriste qu'on retrouve à Marseille, Lille ou Saint-Denis. Les mêmes vitrines, les mêmes fleurs, les mêmes couleurs. Entre le port et la baie de Crozon, je dis bonjour au centre commercial System U et à sa cafétéria, je fais un petit salut matinal au Leclerc de Plougastel, à ses sandwiches beurre-andouillette à 3 euros et sa station-service drainant ses files d'automobilistes. Ils sont très visibles, les Leclerc, System U et consorts. On ne voit qu'eux.

À chaque fois, je suis surprise de la facilité avec laquelle les paysages peuvent être défigurés. Il suffit parfois d'un entrepôt, d'une enseigne lumineuse rouge et bleue, d'un panneau publicitaire et tout est foutu. Le regard est pollué. Le commerce, ici, est poisseux. Il s'étend le long des paysages et des routes, il colle aux roues comme aux yeux. On s'y arrête sans gaspiller son temps, tout y est prévu pour vous faciliter la vie, pour donner l'impression de le gagner, ce temps, sans parler de l'argent. C'est vrai, parfois. Chez Doux, je ne sais pas ce que feraient mes collègues sans leur Leclerc.

Une fois la route tracée, ce que je préfère, c'est quand même Châteaulin, juste à côté de l'usine. Ni banlieue, ni village, ni tout à fait ville, cette petite commune m'intrigue, elle ne ressemble à nulle autre. Quels drames, quelles histoires se cachent derrière les façades de pierre aux volets bleus qui bordent l'Aulne ? Je me demande ce que cela fait, d'être né et d'avoir grandi ici, à la campagne, dans le Centre-Finistère.

D'être davantage tourné vers la terre que vers l'eau. De se sentir breton, ou pas. D'aller manger des pizzas à La Main à la pâte, de jouer au billard au Cactus, de danser au Mykonos. D'avoir traversé la rivière pour aller à l'école Diwan de l'autre côté. D'avoir eu vers 15 ou 16 ans son premier scooter pour aller boire des bières à Quimper ou Douarnenez, d'avoir fait bon gré mal gré ses saisons d'été chez Doux, Marine Harvest ou au Moulin de la Marche, dans le saumon ou le poulet. D'avoir un petit pavillon, un mari, des enfants. Qui feront, peut-être, eux aussi, des saisons d'été chez Doux, si tant est que les machines ne viennent bientôt remplacer leurs mains. Je me demande ce que cela fait d'être attaché à sa ville et de ne pas vouloir en partir.

« Hier, j'ai croisé les gars de l'équipe de rugby. Ils étaient complètement beurrés mais c'était beau à voir. C'est vraiment des copains, ils ont l'air de vraiment bien s'aimer ces gars-là, hein ? »

La cliente blonde assise à côté de moi au stand des galettes du petit marché de Châteaulin est bavarde. Je viens de commander mon déjeuner, des galettes de blé noir. Mon interlocutrice, qui se sent peut-être un peu seule, regarde la commerçante préparer les galettes dans sa guérite. Celle-ci me semble agacée par le bavardage incessant de cette dame aux cheveux blonds très clairs qui a l'air de prendre ses aises sur le stand. J'ai l'impression qu'elle lui tient la jambe depuis un bon bout de temps et qu'elle aimerait bien pouvoir faire ses galettes en paix.

La commerçante m'explique qu'elle est une ancienne Parisienne. Elle ajoute qu'à Châteaulin, « les gens ont l'air de s'emmerder un peu quand même ».

« Plougastel, c'est mieux. Il y a plein de jeunes, pas mal d'associations. C'est dynamique. Il faut aller voir le marché là-bas. Çà, il y a du monde, c'est beau à voir ! Ce n'est pas comme ici. Ici, ça se meurt.

— Moi, de toute façon, je n'aime pas les Bretons, intervient la femme blonde. Ils sont chiants, les Bretons. Il faut ramer pendant des mois pour qu'ils te parlent. Moi, je suis normande, de Basse-Normandie. Vous êtes d'où, vous ? » ajoute-t-elle en se tournant vers moi.

Je lui réponds que je suis normande, moi aussi. Mais « de la Haute ». Ça me fait toujours rire de dire ça. Enfin, je suis née à Rouen, quoi.

Ma réponse l'enthousiasme.

« Aaah ! Les Normands, ils sont plus ouverts, non, vous ne trouvez pas ? Ici, les gens sont bruts de décoffrage. Les Normands sont plus doux, comme le beurre. »

Je ne sais trop quoi lui répondre. Que je trouve ça très beau, oui, la Normandie, mais que j'ai été ravie de pouvoir en partir. Je crois que ça la décevrait, si je lui racontais ça. Je lui dis autre chose :

« Vous savez, j'habite à Paris depuis un moment déjà. Et j'ai habité d'autres villes en France. Les Parisiens, c'est souvent des provinciaux, en fait, sous leurs grands airs.

— Ça, c'est sûr. »

Derrière son stand, la marchande semble toujours aussi exaspérée. Elle lève les yeux au ciel dans la fumée de ses galettes. On sent qu'elle est tentée de renvoyer la blonde dans ses cordes bas-normandes, quitte à se mettre une cliente à dos.

« Mais ça ne veut rien dire ça, les Bretons, les Normands ! Il y a des gens sympas et des cons partout », assène-t-elle en regardant la blonde droit dans les yeux.

Je n'ai pas envie de prendre parti. « Ptêt ben qu'oui, ptêt ben qu'non. » À vrai dire, mon identité normande ne m'a jamais travaillée. Le truc des gens de Rouen, c'est de ne pas trop en avoir, d'identité. Pour ma part, j'ai toujours regardé les revendications régionales et les petites guerres autour du Mont-Saint-Michel avec un détachement amusé. Surtout, j'ai faim. Tant mieux, c'est prêt. Je prends congé en pliant les larges galettes fumantes qu'on me tend et en les fourrant dans mon sac. C'est un impair.

« Malheureuse, elle plie mes galettes ! » s'écrie avec effroi l'ancienne Parisienne, qui semble quand même accorder une certaine importance à la gastronomie bretonne.

À Châteaulin, beaucoup d'habitants confient s'ennuyer, nostalgiques d'un autre temps, d'un autre mode de vie. Toujours les mêmes constats, à chaque fois, énoncés avec de l'amertume dans la voix. Les commerces qui souffrent, les campagnes qui se vident, qui vieillissent, les petits vieux qui meurent tout seuls et puis quoi, après ? Pourtant, je trouve que le Finistère s'en sort plutôt bien. Pas un patelin sans son bistrot. Les gens ont un certain art pour se réunir à toute heure de la journée autour d'un verre ou d'un café. Davantage que dans d'autres coins de France. Le week-end, près de Châteaulin, les vieux et les familles vont encore au loto à l'espace Coatigrac'h, près des zones pavillonnaires, ou aux Fest Noz dans les environs. Les jeunes traînent un peu. Les plus fortunés sortent à Quimper ou Brest.

Début janvier, il y a eu comme un réveil. Le 11, deux mille cinq cents personnes ont défilé le long de l'Aulne en hommage aux victimes de *Charlie Hebdo* et de l'Hyper Cacher. Deux mille cinq cents personnes personnes sur une population de cinq mille, ce n'est pas rien.

« Salut 2014 et bonjour 2015 ! » a affiché sur la porte de La Maison de la presse libre Manu, le libraire-papetier. Sur la feuille A4, un petit texte suit, écrit sous le coup de l'émotion et de la colère : « Aujourd'hui, nous avons du chagrin. Notre société produit de la folie et nous avons individuellement une part de responsabilité. »

Les habitants se sentent concernés, ils sont marqués, choqués. À La Maison de la presse libre, il y a toujours du monde, même en journée, quand je passe. En tête de gondole, des livres de poche, *La femme parfaite est une connasse*, *Comment survivre dans les transports en commun* ou encore *Le Brest des écrivains*, *Les Grandes Affaires criminelles de la Bretagne*. En consultation libre, bien en évidence près de la caisse, on pourra bientôt lire le « numéro des survivants » de *Charlie Hebdo*, le n°1179, écrit dans les deux semaines qui ont suivi la tuerie. Les clients se relaieront pour le lire, ils rigoleront devant les dessins. Sur la liste d'attente, plus de six cents personnes s'inscriront pour le réserver.

Je passe devant la vitrine de l'agence immobilière du centre où sont affichées des maisons de quatre pièces en vente près de la rivière autour de 100 000 euros. Habiter Châteaulin est bon marché. Pourtant, la ville compte un peu moins d'habitants qu'en 1982, au moment de la construction de l'abattoir Doux. La moyenne d'âge s'élève peu à peu. Le grand projet pour 2015 à Châteaulin, c'est le nouvel EHPAD, un sigle désormais bien connu de tous : « Établissement d'hébergement pour personnes âgées dépendantes ».

Pendant la journée, le vrai centre-ville, celui des actifs, ne se situe pas sur le marché mais en retrait de la rivière. En bleu et blanc, avec des airs de saloon un peu déglingué, c'est le respectable et presque quinquagénaire centre Leclerc, à qui il manque une lettre en ce mois de janvier. Comme un sourire édenté. *Leclec*, donc, avec sa station-service, sa photocopieuse, son cordonnier, sa cafétéria, son chantier – le centre Leclec se fait refaire une beauté et ce n'est pas du luxe.

Le soir, passé 20 heures, dans les rues de Châteaulin, l'expression « ville-dortoir » prend tout son sens. Aucune lumière allumée, à part celle des réverbères. Près de la rivière, l'atmosphère est un peu étrange, toujours empreinte d'une brume humide qui flotte, mystérieuse. À L'Agora, le cinéma, les soirées-débats peinent à attirer du monde. « Ici, il n'y a qu'une salle et qu'un film par semaine », déplore Charline, ma conseillère intérim, quand je lui parle de la ville. Et si des foules populaires se massent à l'heure de l'apéro au PMU, les tables des restaurants sont désertes plus tard dans la soirée.

À Châteaulin, les « Pen Heog » (têtes de saumon) sortent peu le soir, et n'ont pas énormément d'argent. Il y a des années, la commune était connue pour ses joyeuses parties de pêche, d'où ce surnom donné aux habitants – à Douarnenez, sur la côte, un peu plus loin, les gens sont des « Pen Sardin ». Aujourd'hui, les réglementations se sont durcies et la pêche dans l'Aulne n'attire que quelques habitués.

Avant, la ville vivait également de la pomme de terre et, un peu, de l'économie de la carte postale, grâce à l'entreprise Jos, le deuxième éditeur de la région. C'est de Châteaulin que venaient toutes ces jolies images vantant le pays bigouden, ou la baie de Crozon. Jos Le Doaré avait aussi fondé une maison d'édition de livres, qui publia plusieurs ouvrages de l'anthropologue Pierre-Jakez Hélias, l'auteur du *Cheval d'orgueil*, la « bible » des Bretons, l'histoire d'une famille de paysans pauvres de Pouldreuzic, dans le Sud-Finistère.

C'est après la guerre que les entreprises de l'agroalimentaire ont choisi la ville pour sa situation centrale, entre Quimper et Brest. Châteaulin est donc devenue cette petite ville jugée pratique, cet entre-deux bien desservi par la voie express.

*

La première fois que je suis venue à Châteaulin, je l'ai dit, c'était l'été 2013. Le PMU de l'Aulne était plein à craquer. J'avais parlé cochons et poulets avec des représentants syndicaux des entreprises Gad et Tilly-Sabco. Je me rappelle une inquiétude palpable dans l'air mais aussi une fin d'après-midi ensoleillée et, paradoxalement, un échange plutôt plaisant, constructif, entre des syndicats d'entreprises et d'horizons différents, qui ne se tiraient pas dans les pattes.

À l'époque, l'Europe venait d'annoncer brutalement la fin des « restitutions », ces subventions aux exportations de poulet congelé, déclenchant des débrayages chez Tilly, et Gad était sous le coup d'un plan social. Doux demeurait à peu près épargné, ayant essuyé sa propre crise dès 2012. J'avais découvert avec surprise que ces entreprises produisaient de la volaille halal expédiée vers l'Afrique et surtout le Golfe par le port de Brest, sans même atteindre le rayon du supermarché du coin.

Châteaulin, fief de ce baron du poulet au destin exotique, m'était apparue comme une ville plutôt plaisante et animée avec son clocher, sa rivière, ses maisons colorées. Pépé Doux, pourtant, venait de loin – d'Arménie. C'est en tout cas ce que raconte la légende qui l'entoure.

Pierre, de son prénom, trouva refuge dans l'Ouest de la France après avoir fui le génocide arménien et commença, au début des années trente, à récupérer de vieilles poules non pondeuses dans les fermes, près de Nantes. Peu à peu, il demanda aux fermiers d'élever des poulets et, en 1955, construisit à Port-Launay, à trois kilomètres du siège actuel, un premier abattoir. Doux devint alors un pionnier du poulet congelé, de la volaille bas de gamme, élevée en batterie en trente jours.

Au début des années 2000, Doux est un véritable empire agro-industriel, qui commence à vaciller, donc, en 2012, prémices de la tempête qui a ensuite secoué la Bretagne. Cette année-là, Doux a dû quitter le Brésil, a liquidé en France son

« pôle frais », et a été placé en redressement judiciaire, miné par les dettes. Un plan de continuation a été validé en 2013 après l'arrivée du « sauveur », Arnaud Marion, spécialiste des entreprises en crise, manager de transition, Parisien venu prêter main forte à Jean-Charles Doux, petit-fils de « Pépé », devenu PDG en 2013. Depuis, le roi du poulet reprend du poil de la bête.

Ainsi, Doux a-t-il choisi le pays de la patate pour prendre son envol, dans une région isolée, pauvre, rurale, modernisée à marche forcée après la guerre sous la volonté politique du gaullisme. « Mon corps est retenu mais mon esprit vole vers vous, comme l'oiseau à tire d'aile vole vers ses frères qui sont au loin. » C'est ce qu'il avait dit, le Général, à la foule massée devant lui à Quimper, lors de son dernier discours, en 1969. « *Va c'horf zo dalc'het, med daved hoc'h nij va spered, Vel al labous, a denn askel, Nij da gaout e vreudeur a bell.* »

La Bretagne était une terre de paysans pauvres, elle devenait la terre nourricière du monde entier. La qualité n'est pas primordiale, il faut surtout de la masse, des cadences soutenues, de l'alimentation moderne et bon marché pour remplir les rayons des supermarchés qui poussent comme des champignons un peu partout autour des villes. Les usines construites en Bretagne deviennent ces endroits où l'on transforme, de manière industrielle, les légumes, les porcs, la volaille élevée dans le coin. Les routes resteront gratuites pour rallier plus facilement ces grands temples de l'agroalimentaire où s'enferment jour et nuit les enfants des agriculteurs – la fameuse quatre-voies.

Le résultat est qu'on peut passer sa vie à l'usine sans mettre un doigt de pied dans le centre de Châteaulin. Je n'ai jamais croisé un seul de mes collègues lors de mes excursions matinales. La zone industrielle, où l'on trouve la déchetterie, les entreprises de transport, Point P et donc l'agroalimentaire, se trouve à cinq kilomètres du centre-ville. Elle a pris le nom d'un hameau un peu planqué, Lospars, qui abrite une chapelle du même nom, du XVe siècle, où, chaque année, à la Pentecôte, les fidèles amènent leurs chiens, leurs chats, parfois un cheval ou même des cochons, pour qu'ils soient bénis. On se demande parfois à quoi ça sert, sinon à permettre d'entretenir la chapelle.

Une année, l'âne de Pépé Doux est mort dans son champ quelques minutes après la bénédiction. Les fidèles y ont vu un signe.

VI.
Objectif pépettes

Insoupçonnable tour de Babel en ce lointain et rural Finistère, l'abattoir de Châteaulin compte plus de vingt nationalités. Les Turcs et les Vietnamiens sont les plus anciens, et les plus nombreux. Récemment, beaucoup d'Africains de l'Ouest subsaharien – Maliens, Nigérians – sont arrivés jusqu'ici. Au détour des couloirs, se mêlent langues et dialectes, accents chantants, paysans, gutturaux, traînants, insultes djeuns et rebeus, blagues bretonnantes. Le français est parlé majoritairement mais ce n'est qu'une langue parmi les autres.

C'est immense, un abattoir de six cent cinquante personnes. Une petite cité-monde qui vit jour et nuit avec ses lois, ses castes, ses jalousies, ses scènes de drague. Une planète à part où, en dehors des ateliers, la parole jaillit, les dialogues sont enfin possibles. Je n'imaginais pas rencontrer une telle mixité culturelle, linguistique, religieuse ici. La France d'aujourd'hui et de demain, elle est aussi là, sous mes yeux. Elle marche cahin-caha, elle a mal au dos et aux épaules mais elle avance.

Parfois, quand même, des tensions affleurent. La période du ramadan, que je n'ai pas vécue mais qu'on m'a racontée, est la plus compliquée. Quand les tapis de prière apparaissent dans les vestiaires ou les couloirs, certains râlent.

Mais produire du poulet halal exporté à 100 % au milieu de la Bretagne, n'est-ce pas en soi une marque d'ouverture ? La mondialisation, on ne l'a pas vraiment choisie mais elle dépanne bien.

Je croise de sacrées gueules, aussi. Des jeunes, des vieilles, des belles gueules, mais aussi des gueules cassées, couperosées, des gueules fracassées par la vie, l'alcool, la fatigue, le manque d'argent, le manque d'attention. Ce qui m'a d'abord frappée, ce sont les sourires. Il manque beaucoup de dents, aux sourires des ouvrières et des ouvriers. Certains, aussi, ont un coude rouillé, une jambe claudicante, une phalange perdue, coincée dans l'interstice d'une machine.

Tous, pour le meilleur et pour le pire, nous faisons partie de la grande et belle confrérie du poulet. Mon service fonctionne en « deux-sept-un-six » – deux roulements de sept heures en journée, un de six en soirée – et jamais je n'ai l'occasion, par exemple, de discuter avec l'équipe de nuit qui me relaie le soir à 20 h 40 pétantes. Cet insondable peuple de la nuit est considéré par celui du jour comme une caste de privilégiés. Ils gagnent mensuellement en moyenne 200 euros de plus que les autres. Une fortune.

Chaque atelier a son propre rythme, sa cadence, ses cercles de sociabilité. La plupart de mes collègues au conditionnement n'ont jamais mis les pieds à l'éviscération, ou à l'accrochage de volailles vivantes. Ils se contentent, tous les jours, de passer devant la pointeuse pour rejoindre leur poste. Il est malvenu de poser des questions, de s'aventurer dans le reste des bâtiments. L'endroit où s'entrecroisent le plus d'ouvriers reste le parking, là où les fumeurs se regroupent pour discuter. Mais tout le monde ne fume pas, et je suis persuadée que certains salariés travaillent ici depuis des lustres sans s'être jamais adressé la parole.

Chaque jour, chaque nuit, les cinq cent mille poulets qui passent entre nos mains sont ensuite congelés, et les cartons chargés dans des poids-lourds qui prennent la route du port de Brest. Et avant, comment se passe l'électrocution ? Et ensuite, où vont-ils précisément ? L'Arabie saoudite, bien sûr. Mais aussi l'Afrique. Où précisément ? Je me pose une multitude de questions qui restent souvent sans réponse.

Parfois, certaines m'échappent. « Et ils débarquent dans quels ports tous nos poulets ? » « Qui les achète ? » « C'est vendu dans les supermarchés ? » Je suis frustrée par les réponses.

« C'est marqué en arabe. Je crois que ça va dans les pays arabes, me répond évasivement une ancienne.

— Vous les avez déjà goûtés, ces poulets, ils sont bons au moins ? »

Mon interlocutrice plisse la bouche avec un air de dégoût. Chez Doux, les gens finissent par ne plus manger beaucoup de poulet. Une overdose de volaille les saisit quand ils rentrent chez eux le soir.

Sans informations émanant de la hiérarchie, nous sommes réduits à notre rôle d'exécutants. Chacun finit par en prendre son parti. Nous sommes des paires de bras qui fonctionnent sans vraiment savoir pourquoi, sans vraiment savoir pour qui, dans le grand cercle vicieux de l'indifférence et de l'ennui généralisés. Au début, je suis déçue. Je trouve que mes collègues se foutent un peu de tout, ne s'intéressent pas à leur environnement, au destin de leur entreprise, au circuit que suivent les bêtes dans l'usine où ils travaillent depuis parfois plus de quarante ans.

Puis je me dis que dans la majorité des entreprises, les salariés ne s'impliquent que si l'on entrouvre la porte, si on leur en laisse l'occasion. Seuls les syndicalistes, et notamment la déléguée de Force ouvrière Nadine Hourmant, avec qui j'aurai l'occasion de parler longuement, tentent parfois, en salle de pause, d'expliquer les évolutions et la stratégie du groupe. Mes collègues ne les écoutent que d'une oreille. Ce qui les fait bondir, c'est quand, par exemple, Nadine leur parle du remplacement de la machine à café, ou de la volaille qui sera offerte par l'entreprise à toutes les familles pour les fêtes de fin d'année.

Fin 2014, chacun a réceptionné avec grand plaisir une dinde fermière pour Noël. Délicieuse et pathétique volaille, quand on y pense, « don fiscal » de l'entreprise, les salariés faisant office de poubelle de circonstance, puisque les dindes, en raison de l'embargo russe, ne pouvaient de toute façon être écoulées sur leur marché habituel. En fait, le nerf de la guerre, ce que demande l'immense majorité des salariés, c'est « des pépettes », disent-ils. « Plus de pépettes. » Tous tendus vers ce même objectif, cet horizon, la seule raison valable pour continuer de se rendre au travail tous les jours.

Le deuxième jour, alors que j'erre, encore un peu hébétée, dans la salle de pause, une grosse voix de femme m'interpelle : « Tu as l'air complètement perdue ma pauvre ! Va t'asseoir ! »

À l'usine, certains l'appellent simplement « la Noire » mais elle se prénomme Elvina, vient de l'île Maurice, a de petites taches de rousseur constellées sur sa peau caramel, l'accent des îles et du rouge à lèvre, détail assez rare chez les femmes de l'usine pour que je m'en aperçoive immédiatement. De son sac à main posé devant elle, elle extraie des merveilles – bonbons à la réglisse, clémentines, comprimés contre le mal de crâne, mouchoirs en papier, une bouteille d'eau.

J'ai oublié ma monnaie, alors que je me sens déshydratée. Elvina est ma bonne fée. Je la surnomme « Mary Poppins », ce qui la fait éclater d'un bon rire chantant et spontané. Me voilà intronisée. Je prends place pour la première fois à sa table.

La salle de pause est un vaste espace d'une centaine de mètres carrés recouvert de carrelage et de lino, muni d'une baie vitré donnant sur le parking. Au centre, trônent les deux vitales machines à boissons chaudes et un distributeur de gâteaux et sandwiches triangles à 3 euros, entourés de dizaines de tables similaires, rectangulaires, des tables standards qu'on retrouve dans toutes les administrations et les écoles de France.

À la pause, chaque groupe s'assied à sa table attitrée, de sorte que dans les petits codes de l'abattoir, s'installer à une table sans y être convié revient à faire preuve de bravoure, ou de grossièreté. D'autant que chacun conserve la place qu'il a conquise à une table, d'une pause à l'autre, comme un rituel angoissant pour les uns, réconfortant pour les autres. Alors, changer de table ! Il faut, pour en arriver à une telle extrémité, vouloir fuir le groupe ou en être chassé. Bref, être en guerre.

« Tu vas voir, tu vas rigoler ici ! » me lance Mary Poppins.

Elle a raison. Ça cause, à la table d'Elvina, ça cause de tout et de rien.

« J'ai eu la trouille de ma vie chez Leclerc. »

Elvina raconte son week-end, celui qui a suivi les attentats de Paris, à son petit public – qui est presque exclusivement féminin.

« Je me sentais épiée de tous les côtés, je n'étais pas tranquille, je me retournais dans les rayons. On ne sait pas ce qui peut se passer maintenant, même chez Leclerc, hein ? Même chez Leclerc, tu te balades dans les rayons tranquillement et hop, un type louche débarque ! Après Leclerc, je suis allée au Crédit mutuel. Vu qu'il pleuvait et qu'il faisait froid, j'avais noué mon foulard autour de la tête comme d'habitude. Eh bien, avec mon teint, ils ne m'ont pas laissée entrer, ces couillons-là ! Ils ont cru que j'étais une djihadiste, vous y croyez, vous ? »

Elvina nous raconte ça en forçant un peu le trait, avec une voix qui module parfois très haut dans les aigus. Je ris de bon cœur. En bout de table, une autre femme renchérit :

« Vous croyez qu'ils vont venir s'aventurer jusqu'ici les djihadistes ? Ils ont d'autres trucs à faire non ? »

À ma droite, une quadra aux cheveux auburn maugrée :

« Ils commencent à me taper sur les nerfs avec leur Charlie. Charlie par ci, Charlie par là ! On ne peut pas allumer la télé ou la radio sans qu'ils nous bassinent avec leur Charlie. L'autre soir, j'ai tout coupé, la télé, la radio. J'en avais marre. Va falloir qu'ils passent à autre chose maintenant. »

Une femme s'étonne de l'absence de Marine Le Pen à la marche du 11 janvier à Paris :

« Elle était où ? Ils ne l'ont pas invitée ? »

Sa question se perd dans les bavardages, personne ne relève.

Au fil des jours, les femmes de la table, me considérant désormais comme l'une des leurs, mais dans la catégorie « bleues », prennent l'habitude de me donner des astuces pour mieux supporter la vie au conditionnement.

« Tu sais, me prévient un jour Elvina, ils ne te le diront pas mais tu as le droit d'amener une bouteille d'eau pour boire sur ton poste. »

Comme dans toutes les usines de l'agroalimentaire, les règles, notamment d'hygiène, sont strictes. En théorie, pas de droit au vernis à ongle, aux faux-ongles, au maquillage, au parfum, aux bijoux, aux montres, aux piercings – de nombreuses femmes, qui en portent un au nez, sont obligées de le recouvrir chaque jour d'un pansement, étrange petite bosse beige. Pas de droit, non plus, au portable ou à tout objet « à usage non professionnel » à son poste de travail. Ni celui de manger, ne serait-ce qu'un bonbon à la menthe ou un chewing-gum, ou de boire.

Beaucoup détournent les règles. C'est tellement agréable, de détourner les règles, ça permet de se sentir vivant. La plupart des femmes se maquillent les yeux, ne boutonnent pas les boutons-pression de leur blouse jusqu'en haut, se font faire des manucures, mâchent du chewing-gum. Certaines ont des tatouages visibles. D'autres, une minorité, sont voilées, d'un voile discret, le *hijab*. Il m'est aussi arrivé de voir une ouvrière avec le fard à paupière du même bleu, exactement, que sa charlotte. Je crois que c'était fait exprès. Chez Doux, les femmes arrivent à être coquettes en blouse et en charlotte, et c'est un défi.

Les jours passant, je prends moi-même quelques libertés. Le matin, en passant un collier discret autour de mon cou, un bracelet, j'ai l'impression d'être une rebelle. En fait, la seule interdiction réellement respectée est celle de la nourriture.

Je n'ai jamais vu un ouvrier manger à son poste. On m'a juste plusieurs fois glissé, au creux de la main, des bonbons à la menthe glaciale. Jamais je n'en ai goûté de meilleurs. Frais, intenses, avec un goût d'interdit.

« Tu peux aller aux toilettes, aussi, si tu as une envie pressante », m'avise Elvina.

Cette fois, je ne peux pas m'en empêcher, je bondis :

« Ah ! J'ai même le droit d'aller aux toilettes ! C'est Byzance, votre truc, le grand luxe ! »

Elvina me fixe, contrite. J'ai l'impression que je l'ai vexée et je m'en veux. En plus, son conseil me sera bien utile. Les toilettes femmes des ateliers, situées à proximité des chaînes, sont des refuges, le havre d'accueil des pauses déguisées. Les ouvrières en conviennent. En fin de journée, quand la douleur tend les poignets, que les jambes commencent à se faire lourdes, on peut toujours prétexter vouloir faire un tour aux toilettes.

Bien sûr, il ne faut pas utiliser ce stratagème quatre fois dans l'après-midi. On ne peut s'extraire de la chaîne sans déranger l'ensemble de ses voisins, qui sont obligés de lever leur tablette pour vous laisser passer. Il suffit d'être situé en milieu de chaîne pour déranger quatre ou cinq personnes d'un coup. Difficile d'être discrète, d'autant que, sur le chemin, on ne peut éviter de passer juste devant la Guillotine, le fameux bureau vitré des chefs.

Inutile de s'appesantir sur l'état de saleté et de puanteur de ces toilettes, surtout en fin de journée, après que des centaines d'ouvrières, les mains et les pieds sales, y sont passées. La première fois que j'ai franchi la porte et le pédiluve, j'ai réprimé avec peine un haut-le-cœur. Si, au travail, l'état de saleté des sanitaires est inversement proportionnelle à la considération vis-à-vis des salariés, chez Doux, le calcul est vite fait.

Cela dit, j'ai fait comme les autres, cet endroit repoussant est devenu malgré moi, le soir vers 20 heures, prétexte à une halte. Pas la lune non plus, juste deux ou trois minutes grappillées, histoire de soulager un peu mes bras, de marcher cinquante mètres. Une fois ou deux, je l'avoue, j'ai même envoyé un mail, tapé un SMS. Un soir, en sortant, j'ai croisé le regard noir, lourd de reproches et de sous-entendus d'une ouvrière que je ne connaissais pas.

J'ai alors compris ce que les femmes de ma table m'avaient laissé entendre en évoquant la surveillance de tous les instants que certains pratiquent. Les commérages qui permettent de tirer son épingle du jeu. Un jour, après des mois voire des années, pierre après pierre, ceux-là remportent le gros lot. Le fameux casque jaune, par exemple, qui signifie aussi le départ des cartons. La promotion par la délation, vieille histoire.

Peu à peu, le rythme de l'usine me paraît moins pénible. Mon corps s'habitue, les courbatures s'estompent. Mon esprit s'habitue au confinement. La solidarité avec certains collègues et les bavardages avec les autres, pendant les pauses, y sont pour beaucoup.

Moi aussi, je commence à adopter ma petite routine. J'aborde ma journée de travail comme j'entamerais une course de fond. Avec détermination et une sensation de lâcher-prise. Je me sens de plus en plus intégrée. En tout cas, j'ai rapidement pu nouer des liens, même infimes, ce dont je me réjouis, bien sûr, même si, d'un autre côté, je me rends compte que c'est un privilège dont beaucoup ne profitent pas, et que je le dois en partie au fait d'être une Française blanche.

Je pense en particulier à certaines Vietnamiennes, qui, bien qu'elles habitent en France depuis plusieurs années, avec un enfant scolarisé, parlent difficilement français. Il est très délicat d'échanger quelques mots avec elles, même de comprendre leur prénom. L'incommunicabilité les confine dans une timidité extrême, une méfiance permanente qui, en retour, finit par les ostraciser. Pendant les pauses, je remarque qu'elles restent entre elles, communiquent entre elles et dans leur langue maternelle. On dirait alors d'autres femmes, beaucoup plus extraverties, riant parfois aux éclats.

Plusieurs fois, j'ai senti l'agacement, voire l'exaspération des anciennes contre ces femmes. « Mais elle est bouchée ? Elle ne comprend jamais rien à rien ! » peste un jour ma voisine Nadège pendant le travail. Je ne l'avais jamais vue s'énerver. Elle parle d'une Vietnamienne située deux rangs derrière moi. Je sens qu'elle cherche dans mon regard une forme d'assentiment, une complicité spontanée entre elle et moi, qui suis entrée à l'usine quelques jours avant, quand la Vietnamienne est là depuis plus d'un an. Est-elle si bouchée ? Ici, on l'est tous un peu.

Un autre jour, Lucette, une ancienne, petite femme énergique et menue aux cheveux gris très courts, me confie en travaillant qu'elle est arrivée chez Doux juste après l'école, il y a plus de quarante ans. Elle dit aussi, satisfaite, mais sans fierté particulière, qu'elle a eu la médaille du travail. « Je ne l'ai jamais sortie de sa boîte. » Le symbole, elle s'en tamponne. Mais elle a eu quelques pépettes en passant, c'est l'essentiel. À vingt ans d'ancienneté, on touche 800 euros avec la médaille. À trente ans, 900 euros et à quarante ans, 1 200 euros minimum, même pour les salariés à temps partiel. La médaille du travail, chez Doux, c'est avant tout la reconnaissance par l'argent.

Elle me demande ce que je fais, moi. Je lui dis que je suis de passage, et que je reprends une formation à Brest l'année prochaine, si tout va bien. Elle hoche la tête sous son casque de travail. Elle trouve ça bien, mon projet.

« Tu sais, beaucoup de femmes qui travaillent ici ont mon âge. Elles sont restées parce qu'elles n'ont pas trouvé autre chose mais aussi parce qu'elles n'ont pas cherché autre chose. »

La plupart des anciens n'ont pas de diplôme, ils sont tous nés dans la région, ont été embauchés peu de temps après la sortie de l'école. Souvent, ils ont commencé par un emploi saisonnier, à 17, 18 ans. Puis le contrat s'est prolongé. Au début, c'est dur, mais on s'habitue. Aujourd'hui, il n'y a plus trop de choix dans le Centre-Finistère, de toute façon. On s'arc-boute sur ces emplois et on se met des bonnets rouges sur la tête pour les sauver. Le rouge, c'est visible de loin, au moins de Paris.

On s'habitue. Les journées se succèdent, on s'accroche, on ne se rebelle pas, on tente d'être courageux, on touche sa paye. Ce n'est pas la panacée mais c'est de l'argent. Alors on reste. La famille, les amis travaillent parfois dans la même usine. Beaucoup n'ont aucune autre expérience professionnelle. Parfois, c'est le saumon, et le saumon, c'est encore pire. Les femmes ont leur premier enfant à 18, 19 ans, il faut alors voler de ses propres ailes.

Il y a une vie à construire, un pavillon à acheter quand c'est possible, le crédit qui va avec. Il faut rembourser, on est piégé, il faut rester. Pas le temps de s'inventer une autre vie. Pas la possibilité de prendre du champ quelques jours, quelques semaines pour chercher autre chose. Avec le temps, avec le rythme de l'usine, plus trop d'énergie.

Quelques jours plus tard, j'ai la surprise de rencontrer la fille de Lucette, qui travaille aussi avec nous au conditionnement, en CDD depuis bientôt un an. Sur la chaîne, elle se place à une dizaine de mètres de sa mère, avec qui elle partage les pauses cigarettes. Est-ce la mère qui a demandé à la fille de la rejoindre ? Est-ce la fille qui a insisté ? Peut-être que personne n'a vraiment décidé, après tout.

Brenda a 18 ans, un tout petit gabarit, le teint pâle, un nez en trompette, les cheveux blonds retenus par un bandeau, de grands yeux bleus de poupée. Elle a pas mal de bagout, et bavarde plus que beaucoup d'autres dans l'atelier. Cette fille est joyeuse, vivante, spontanée.

« J'en ai déjà marre d'être là, je trouve ça trop chiant », s'épanche-t-elle l'après-midi où je fais sa connaissance.

C'est la plus jeune ici et je me demande bien si elle aura la même vie professionnelle que sa mère. Aux cartons, la doyenne a plus de 60 ans. Son mari était gendarme. Un jour, il est parti, la laissant avec les enfants à charge. Elle avait quitté l'usine mais elle a bien été obligée d'y retourner. Ce sont mes collègues qui m'en parlent un jour, me la citant en contre-exemple. « Ce n'est pas facile, à plus de 60 ans, l'usine. » Elles me disent de ne pas me « laisser faire », moi, « la petite ».

Elles rectifient ensuite, d'elles-mêmes :

« Mais les jeunes d'aujourd'hui, ça change, on ne se laisse pas faire comme avant. »

VII.
Il faut imaginer Sisyphe aux poulets

« Alors, pas trop dur ? » À l'abattoir, les gens que tu croises ne te demandent pas si tu vas bien. À la pause, au vestiaire, on croise ta tête de nouvelle, on sourit et on te demande si tu n'es pas « trop fatiguée ». Les gens racontent sans fard leurs bobos, les élancements nocturnes, les petites douleurs. Certains se refilent des médicaments, des potions, des remèdes de grand-mère. Pour moi, ce sera un cocktail Doliprane-Voltarène. Je n'aime pas m'épancher sur mes douleurs, mais ici, je m'adapte naturellement à ces séances de complainte collective. Elles sont revigorantes.

Mes après-midi sont militaires, réglées au cordeau, à la minute près. Moi qui déteste la routine, je suis servie. J'arrive à 12 h 40, je pointe une première fois, je passe au vestiaire pour revêtir ma tenue de travail, puis je pointe une seconde fois. Ma première pause intervient peu avant 15 h 30, la deuxième vers 18 h 20. La fin de la journée sonne à 20 h 40. Je repasse au vestiaire pour me déshabiller. Avant de quitter les lieux, peu avant 21 heures, je pointe une dernière fois.

Des créneaux strictement encadrés, qui varient chaque jour au mieux de quelques dizaines de secondes, et qu'enregistre quotidiennement la pointeuse, machine diabolique, gardienne du temple implacable calculant à la minute près le temps que je passe à l'habillage, validant chaque jour mon passage en affichant mon nom et, chaque fois, la même série de chiffres, comme un numéro de portable.

Que le temps s'étire, que les minutes paraissent longues, démesurément longues, quand on répète des milliers de fois le même geste. Avant de plonger dans les entrailles de l'atelier, à 13 heures, j'essaie de ne pas trop y réfléchir, à ce geste-là, bras levé, coude plié, poulet en l'air. Pour ne pas devenir cinglée, j'essaie de m'oublier. Je divague un peu, comme les autres. Il faut tenter de trouver en soi une échappatoire. J'ai eu des moments de bien-être à la chaîne, où toutes mes pensées me parvenaient avec clarté, acuité, surtout en début de journée. « Mon corps est là, mon esprit est ailleurs. Je les emmerde », m'a dit une collègue, un jour. Je n'ai jamais oublié cette phrase.

Chacun développe ses propres stratégies pour résister. Certains, c'est connu, planquent des bouteilles dans les vestiaires, pour évacuer et supporter le temps. L'alcool gâte l'haleine et les dents, embrume l'esprit et le teint mais a l'avantage d'alléger précieusement les minutes. Cela dit, quand l'ivresse retombe, la descente doit être d'autant plus sévère dans le bruit des machines. L'une des femmes chefs, casque jaune, est connue pour son sérieux penchant pour le Ricard. En début de mois. À partir du 15, paraît-il, elle passe au rouge, celui qui pique, le Vieux Pape. Et, vers 15 h 30, elle se met parfois à enguirlander tout le monde sans raison. Le Vieux Pape l'a quittée, elle s'en remet mal.

Avec ou sans bouteille, tout le monde finit par se laisser aller, rêvasser, se balader dans ses pensées. Il m'arrive de voir des sourires flotter sans raison sur les lèvres de mes voisins. Un souvenir plaisant, une pensée agréable passent par là. C'est un leurre de croire que les mines concentrées que l'on observe sur les chaînes le sont à cause du travail. Les hangars et les néons s'effacent de l'esprit, un autre monde se dessine. Celui du week-end qui arrive, de la dernière histoire de la machine à café, du film qui passe sur TF1 le soir, ou juste de la fin de journée.

Rien n'est plus désirable que cette fin de journée, cette liberté retrouvée. Au bout d'un moment, même l'esprit s'épuise. Se forcer à penser aux sujets les plus divers, à condition qu'ils n'aient rien à voir avec le moment présent, finit par créer une lassitude. Et tout à coup, je me réveille. La sensation de mon corps revient, le geste revient, imparable, routinier. Les jambes un peu lourdes à force de rester immobiles se dérobent, le poignet se crispe. Mais il faut se ressaisir, continuer quitte à ralentir un peu, à traîner avant d'empiler les poulets.

Arrive aussi un moment où la fatigue empêche de penser à quoi que ce soit d'autre. La fin de la journée approche. À ce stade, je ne suis plus qu'un corps. Un corps endolori, parfois affamé. Un corps qui n'a qu'une envie : juste s'arrêter.

Je ne cesse de me dire, durant ma première semaine, que je ne pourrai en faire une deuxième. Je n'avais pas imaginé à quel point cela pouvait être dur. J'ai mal à la tête à cause du bruit, j'ai mal aux poignets, j'ai mal aux épaules mais ce n'est pas le pire. Je m'ennuie terriblement. J'ai l'impression de me tuer la santé. J'ai l'impression de tuer le temps. À la chaîne, mon esprit mouline en permanence mais je n'apprends rien.

L'émotion et la surprise du début s'estompent pour laisser la place, souvent, à une forme de torpeur un peu hébétée. Mon corps récrimine et se rebelle un peu. Il me demande certains soirs de tout arrêter. J'observe mes voisins et je suis stupéfaite par leur résistance, leur rapidité. Je me dis que jamais je ne leur arriverai à la cheville.

À la chaîne, pour combler le vide et le manque de communication, je m'entoure d'amis imaginaires. Certains ont quelques rides. Il y a d'abord Charlie Chaplin, celui des *Temps modernes*, des machines des années trente, dont la maladresse et la gaucherie m'égayent. Ça ne dure qu'un temps. Je pense aussi à Robert Linhart, l'établi maoïste des années soixante-dix. L'idée m'effleure qu'à la chaîne, rien n'a vraiment changé en quarante ans.

Puis mes pensées cheminent inlassablement vers Sisyphe, le héros mythologique de l'absurde, qui roule son rocher le long de la colline. Arrivé en haut, le rocher redescend immédiatement. Et il faut recommencer, à l'infini, rouler sans cesse son rocher vers le sommet, remplir sans cesse ses cartons – le rocher redescend, de nouveaux poulets arrivent, on remonte, on remplit, ça ne s'arrêtera jamais. Y penser me donne envie d'envoyer valdinguer cartons et poulets, de prendre mes cliques et mes claques.

« Il faut imaginer Sisyphe heureux », paraît-il. Je n'ai pas du tout l'impression que je pourrais être heureuse avec mes cartons. D'ailleurs, je n'ai jamais été passionnée par la mythologie grecque. Et je ne suis pas douée pour la patience. Je sens très vite la colère monter en moi, avant de redescendre aussi subitement. Ma grande marée. Pas vraiment celle du siècle, pour le coup.

En fin de journée, pour me rappeler que je suis encore en vie, je me mets parfois à chantonner. Avec le boucan qui m'entoure, c'est plutôt agréable. Tout y passe. Les chansons du moment, celles que j'ai entendues au volant. Mes vieux tubes, le peu de chansons dont je connaisse les paroles par cœur. Parfois, quelques invités débarquent sans être conviés et là, je me dis qu'heureusement, personne ne m'entend.

Dans le brouhaha ambiant, communiquer relève de l'exploit. Pour parler avec mes voisins de chaîne, je m'époumone ou je fais des gestes. La chaîne a d'ailleurs développé un langage des signes assez rudimentaire mais indispensable. Je signale avec mes doigts le nombre de poulets dont j'ai besoin pour combler un trou dans un carton. Je regarde ostensiblement mon poignet pour m'enquérir de l'heure. Je lis aussi un peu sur les lèvres. Des phrases simples, synthétiques.

Au début, je vois des ouvriers taper de toutes leurs forces leur carton vide sur leur tablette en acier. Le son ainsi produit est sourd, audible dans tout l'atelier. Ce geste brutal qui sonne comme un cri de révolte est en réalité une plainte, quand l'approvisionnement en cartons se fait trop lent.

Inutile d'imaginer une conversation suivie pendant les temps de travail. Mais en se rapprochant et en parlant très fort à proximité de l'oreille du voisin, c'est jouable. On s'y habitue, on devient tous des gueulards et des gueulardes.

« Avec le bruit, je crie tout le temps, je deviens sourde comme un pot ! me hurle Michelle, un jour, à l'oreille. Quand je rentre chez moi le soir, mon mari, mes enfants me demandent : "Mais pourquoi tu gueules comme ça tout le temps ? Pourquoi tu parles si fort ?" Pffff, je te jure, le bruit, ça donne des barres au crâne. »

Aux pauses, Michelle avale beaucoup de Doliprane.

Parler impose de réduire le rythme, son propre rythme ainsi que celui de son collègue. Les fenêtres de tir sont assez rares, d'autant que le fait de voir deux collègues parler à la chaîne agace les chefs et peut susciter la jalousie d'autres collègues. Parler, c'est s'amuser, prendre du bon temps. Les bavards sont les vilains petits canards, ils peuvent être punis. Le bon ouvrier se doit de remplir ses cartons en silence.

« C'était pire avant, m'explique Nadège. Quand j'ai commencé, il y avait des chefs qui passaient derrière toi avec un chronomètre, qui te pressaient sans arrêt. »

J'ai l'impression que l'abnégation de mes collègues vient en partie de là. « C'était pire avant. » Elles reviennent de loin alors elles se contentent de peu.

Le fait de ne pouvoir communiquer avec mes voisins de chaîne me coûte. Je m'interroge sur la possibilité d'écouter de la musique ou la radio avec mon téléphone portable, que je garde en permanence dans une poche de mon jean, sous ma blouse. Après une petite enquête, j'apprends que les écouteurs sont interdits.

Vu le niveau sonore déjà important des ateliers, la direction estime que le port d'écouteurs pourrait nuire à la bonne transmission de l'information et donc accroître le risque d'accident de travail. C'est compréhensible. Je m'interroge sur la possibilité de contourner l'interdiction en faisant passer mes écouteurs pour des protections anti-bruit. La ficelle est trop grosse et j'apprends qu'un salarié s'est fait virer pour cette raison. J'abandonne le projet.

Souvent, ainsi coincée entre les tablettes en acier de la chaîne, loin de la lumière du jour, je me sens prisonnière, prise dans une tenaille dont il est impossible de s'extraire. Mais se débattre, c'est gaspiller inutilement de l'énergie. Pour résister, j'essaie de me dire qu'il faut supporter la routine, baisser l'échine, accepter. Devenir un animal docile qui attend tranquillement sa première pause, sa deuxième pause et la fin de la journée.

Le bâton, la carotte. La carotte, le bâton. Je me demande au début si je suis la seule à mal vivre le temps mortellement long. Impossible de savoir à quoi mes collègues pensent, à quoi ils se raccrochent à l'intérieur. Ça ne doit pas être bien différent de ce que je ressens. Il n'y a qu'à voir les sourires, le bonheur affleurer sur les visages, le soir, dans les vestiaires.

À la deuxième pause de l'après-midi, il y a toujours quelqu'un pour souffler : « Allez, plus que deux heures à tirer, ça commence à sentir bon ! » Ou : « Tu ne trouves pas que c'est passé vite, là ? » Tout le monde finit par aboutir à la même conclusion : mieux vaut que les poulets tombent vite, à un bon rythme. Mieux vaut qu'il y ait du boulot. « Plus ça va vite, plus j'ai de cartons à remplir, moins je pense », disent les femmes dans les vestiaires. Tous, nous gravissons, avec le même petit sac rempli des mêmes petits cailloux, la même petite montagne. « Il n'y a pas de soleil sans ombre, et il faut connaître la nuit. L'homme absurde dit oui et son effort n'aura plus de cesse[1]. »

Les jours, pourtant, ne se ressemblent pas tout à fait. Le lundi est accablant. Un petit reliquat de liberté sommeille encore au coin des paupières. « Je déteste le lundi »,

1. Albert Camus, *Le Mythe de Sisyphe*, Gallimard, 1942.

entend-on en boucle dans les vestiaires, à la salle de pause. Le mardi, déjà, les épaules se redressent. Le mercredi matin, il m'est arrivé d'entendre une optimiste forcenée claironner : « C'est le milieu de la semaine, bientôt le week-end ! » Enfin, le vendredi tant attendu pointe le bout de son nez. C'est une journée à double tranchant. Elle peut aussi être la plus lourde : l'attente se fait pressante.

Ainsi, nous vivons nos journées en attendant la soirée. Nos semaines dans l'espoir du week-end. Les plus anciennes vivent leurs journées, leurs semaines, leurs mois, leurs années à penser à la retraite. « Plus que huit ans à tirer, c'est l'horreur », me glisse un jour Nadège. Elle me donne alors l'impression de tirer son temps comme on tire une peine en prison. J'espère au moins qu'elle aura le temps de vivre, à la retraite.

L'attente distord la durée. Chacun développe ses stratégies d'évitement, de résistance. Quant à moi, j'essaie de regarder l'heure le moins souvent possible. D'autres ont le nez rivé à un gros chronomètre qu'ils portent en permanence autour du cou et cachent sous leur blouse. Il ne viendrait en tout cas à personne l'idée de donner l'heure à son voisin sans qu'il l'ait demandée. Alors que, souvent, comme moi, il ne veut pas la connaître, ce serait vécu comme une violence.

Cela ne redevient possible qu'à partir de 20 heures. L'heure se transforme en bonne nouvelle, on peut la donner. « Plus que onze minutes ! » Mais moi, même à ce moment-là, je n'aime pas. Ça reste une intrusion dans la gestion privée de mon temps. Nadège, femme très grande, expérimentée, petites lunettes et cheveux grisonnants, qui possède un certain sens de l'humour, m'apprend à développer mes propres repères sans regarder l'heure, à lever le nez et sentir la lumière descendre, l'obscurité tomber doucement à travers les lucarnes.

« Dès qu'il fait nuit noire, ça sent bon la deuxième pause ! » conclut-elle.

Désormais, tous les jours, j'attendrai la nuit.

« Et l'été, tu fais comment alors ?

— L'été, je suis baisée ! » répond-elle en éclatant de rire.

Nadège est de ceux qui ont un chronomètre. Un soir, peu avant la fin, je n'y tiens plus et lui demande l'heure, elle me le tend en me prévenant :

« Par contre, ne me dis rien, je préfère. Et, attention, ça avance de quatre minutes. »

Quatre minutes, dans la vie de tous les jours, ce n'est rien. À la chaîne, c'est une vie.

À partir de 20 heures, c'est la renaissance. On s'autorise à redevenir vivant. Des éclats de voix, des rires qui fusent, des sacs de poulets roulés en boule survolant les têtes. L'un des jeunes fait rituellement la même blague en visant les autres avec son stylo laser. Un point lumineux rouge tremblotant apparaît alors sur la manche blanche des blouses en mouvement. Il trouve sa cible, la fixe, la suit. Le premier jour, ce point rouge m'intrigue et je tombe dans le panneau. Le deuxième, je connais l'astuce, je lui fais comprendre que sa blague ne prend pas. Il n'empêche : il est toujours aussi ravi.

Un soir, peu avant la fin, mon voisin du jour – qui m'a expliqué avoir été déjà puni par le chef à cause de ses bavardages – m'annonce en souriant qu'il reste deux minutes. Mon esprit chavire. J'ai déjà sur la peau la sensation de l'air, je sens aux pieds mes baskets qui viennent remplacer ces inconfortables et rigides chaussures de travail, je pense à la radio que je vais allumer, au coup de fil que je vais passer, à la première bouffée de cigarette. Je compte la pulsation des secondes. Que c'est lent, infiniment lent.

Je me tourne vers lui, je l'interpelle :

« Dis-moi, toi, elles sont longues quand même, tes deux minutes ! »

Il me regarde, atterré.

« Tu as compris deux ? Mais je t'ai dit vingt, il reste vingt minutes ! »

Ce soir-là, après les vingt plus longues minutes de ma vie, je pars presque en courant de l'atelier, je manque de tomber et j'oublie de pointer avec mon badge. Un homme me récupère par la manche.

« Eh, toi ! Tu n'oublies pas un truc, là ? »

VIII.
Embauches

Les bourrasques font tanguer ma voiture sur la voie express quand je quitte Brest ce vendredi matin. Vigilance orange sur le Finistère, les rafales montent jusqu'à 94 km/h selon Météo France. Même sur le pont de l'Iroise, la vitesse est limitée. C'est excitant, et un peu effrayant. Courbés sous le vent, la tête en avant, les piétons ressemblent à d'étranges combattants. À mettre le pied dehors, ils entrent en résistance.

Au Leclerc de Châteaulin, rien à voir avec la tempête à l'extérieur, un petit vent d'excitation se lève. Je croise plusieurs fois, au détour des allées, de petits groupes de femmes plongées dans des conciliabules. Je sens bien que ce n'est pas seulement la perspective du week-end qui allège l'atmosphère mais aussi la nouvelle, la fameuse nouvelle.

L'ambiance, ici, est différente de la cohue des supermarchés de la région parisienne. Les gens se servent du Leclerc comme d'un lieu de discussion. Ils ne font pas seulement leurs courses, ils prennent le thé. S'arrêtent sous les néons, leur chariot à la main, pour bavarder devant les petites culottes ou les gâteaux secs.

Et la famille ? Et les amis ? Parfois, on croise aussi des gens qu'on n'a plus trop envie de voir. Alors, on lance un regard dédaigneux ou on joue l'indifférence. Hop, on fourre son paquet de céréales dans le chariot puis on tourne caddie et talons. Le Leclerc, c'est la place du village ouverte à tous les vents, où tous se mélangent, prolos, bobos, bourgeois – les différences reviendront en force au passage à la caisse.

Ce matin, tout le monde est concerné. Doux va embaucher. C'est *Le Télégramme* et *Ouest France* qui le disent. Arnaud Marion, le redresseur de Doux, a donné la primeur à Radio France la veille. « Nous allons revoir notre production à la hausse et embaucher plus d'une centaine de personnes », a-t-il annoncé, avant de parler de la baisse de l'euro, de la parité euro-dollar et de tout un tas de sujets sérieux qui permettent au journaliste de *Ouest France* d'affirmer que « tous les compteurs sont au vert chez l'industriel de Châteaulin sorti de la procédure de redressement judiciaire en octobre 2013[1] ».

Cent personnes, ça représente du monde, même pour l'un des premiers employeurs du Centre-Finistère. Certes, l'abattoir, c'est parfois le repoussoir. « Si tu ne travailles pas à l'école, tu iras chez Doux », dit-on aux enfants pour qu'ils fassent bien leurs devoirs le soir. Mais Doux, comme Leclerc d'ailleurs, c'est d'abord des emplois. Des boulots d'été, de l'intérim, des CDD à la pelle. Et – de moins en moins mais quand même – des CDI. À temps plein ou partiel. Surtout pour les femmes, le CDI est une denrée rare dans le Finistère.

Dans le journal, les articles parlent plus souvent des plans de reclassement que des perspectives d'embauche. Autre exception, à Carhaix, à quarante kilomètres de Châteaulin en s'enfonçant dans la campagne, les Chinois sont en train de construire une usine de lait en poudre pour nourrir leurs bébés. Cent cinquante personnes doivent être embauchées. Cette nouvelle usine, c'est le graal. J'ai quand même entendu dire que ce seraient des contrats de vingt ou vingt-cinq heures par semaine. Les méthodes des Chinois font déjà grincer des dents chez les gens du coin.

1. Jean-Paul Louedoc, « Doux, le président du groupe volailler annonce des embauches ».

Arrivée à l'abattoir, je retrouve la même humeur primesautière dans les couloirs. Les mouettes font toujours leur ballet inquiétant autour des cheminées mais la bande de la clope près de la pointeuse paraît presque guillerette. Au vestiaire, je croise Julie, ma collègue intérimaire, arrivée en même temps que moi. Son regard semble plus serein aujourd'hui derrière ses lunettes rectangulaires.

« Ça va ? Prête pour le week-end ? »

Le nez dans ma charlotte, je fais signe que oui.

« Tu as vu ? Doux va embaucher. Cent personnes ! C'est marqué dans *Le Télégramme.* »

Elle dit ça sur un ton plutôt détaché. Mais quand même. Elle espère, ça se voit. Elle pense qu'on peut rester « jusqu'à l'été », à la semaine, en intérim, « ça a l'air bien parti », dit-elle. Quant au CDI, ce serait inespéré.

« Ça t'intéresserait, toi ? je lui demande.

— Ben, s'ils me proposent, je crois que je ne dirai pas non. Du boulot, c'est du boulot. »

En fait, pour l'instant, je me rends compte que ni moi ni Julie n'avons la certitude d'être reprises la semaine suivante. C'est vendredi, presque le week-end, mais le vendredi, c'est aussi le jour J pour les intérimaires à la semaine, qui se comptent par dizaines à l'abattoir.

« Tu sais s'ils te reprennent, toi ? je lui demande en passant.

— Non, mais le contraire m'étonnerait. C'est parti pour des semaines et des semaines, là, pour nous. La preuve, ils ont besoin de monde. »

Dans l'atelier, l'équipe de l'après-midi se masse devant la Guillotine pour la relève de 13 heures. Charlotte contre charlotte, on fait la bise, à défaut de pouvoir s'entendre dans le boucan ambiant. Un petit contact humain sous les poulets déplumés et devant le *Je suis Charlie*, qui me trouble toujours un peu.

Je discute deux secondes avec Pierre, qui travaille dans mon équipe. Il est très grand, mesure près d'1,90 m. Impossible de le louper, dans l'atelier, avec son allure dégingandée, ses mimiques de clown, ses grands bras, ses grandes jambes. Il porte une charlotte et se déplace sans arrêt. Je l'envie de pouvoir bouger. Il m'explique que son boulot, c'est de « réparer les conneries de tout le monde ». Il contrôle si les cartons sont bien rangés avant la congélation des poulets.

Il fait sans doute moins de gestes répétitifs que les autres mais son poste n'est pas simple, il a des responsabilités. Il fait parfois le lien entre les petites mains de la chaîne et les chefs de la Guillotine.

« En fait, tu es un peu contrôleur des travaux finis, toi, je lui dis en rigolant.

— Oui, mais je peux te dire, il y a des semaines avec et des semaines sans. Les semaines sans, les gens n'arrêtent pas de faire des conneries. »

Soudain, l'une des casques jaunes s'approche de moi.

« Bérangère ?

— Oui ?

— Pour la semaine prochaine, c'est bon. Mais toujours de l'après-midi, si ça te va.

— Bien sûr ! L'après-midi, ça me va tout à fait.

— Parfait. »

Et elle repart comme elle est arrivée. C'est tout. Voilà, en trois phrases échangées, la manière dont j'apprends que je fais l'affaire.

« C'est bon ? Tu es reprise ? » me demande Armelle, une des quatre intérimaires arrivés avec moi en début de semaine. Elle sourit jusqu'aux oreilles. Elle m'annonce qu'elle aussi, mais elle rempilera le matin, c'est ce qu'elle a demandé. Son mari travaille également chez Doux, dans un autre service, l'après-midi, et il faut bien qu'ils s'organisent pour amener les enfants le matin à l'école et aller les chercher le soir. Je n'ai pas cette contrainte. Mon seul regret est de quitter l'équipe B, Elvina et les femmes de la table, avec lesquelles je commence à bien m'entendre.

L'équipe de nuit est toujours la même. En revanche, les deux équipes de jour échangent chaque semaine leurs plages horaires. Le matin la semaine 1, de 5 h 30 à 13 heures. L'après-midi la semaine 2, de 13 heures à 20 h 40. Puis vice-versa. La rumeur parle d'une équipe A plus difficile, taiseuse, plus individualiste que la B, dont j'ai fait partie jusque-là. Je range quand même mes cartons avec une énergie nouvelle. L'idée d'être reconduite la semaine suivante me donne confiance. Soudain, je me sens rapide, efficace.

À la première pause, je repasse dans les vestiaires chercher mes cigarettes. À Paris, je fume rarement pendant la journée mais à l'abattoir, je me laisse aller. L'usine donne aux pauses clopes un goût particulier, une chaleur qui revigore. C'est aussi un bon prétexte pour prendre l'air, sur le parking, contrairement aux non-fumeurs qui restent cloîtrés dans la grande salle au lino. Mon manteau à la main, je tourne la tête et je croise le regard de Julie, défaite.

« Je pars ce soir. Ils m'ont dit qu'ils ne me reprenaient pas », lâche-t-elle.

Elle essaie de faire bonne figure, de ne pas tomber en larmes.

« Merde alors. Ils t'ont dit pourquoi ?

— Il y aurait trop de monde, soi-disant. On est trop nombreux aux cartons. Ils disent tout et son contraire de toute façon. Tu es reprise toi ?

— Ben oui… »

J'ai conscience que cette nouvelle va l'enfoncer encore plus. J'ajoute pourtant :

« Armelle est reprise, elle aussi, on le sait toutes les deux.

— Et le gars qui était avec nous lundi ? Jérémie ?

— Je ne sais pas, peut-être pas. »

J'ai entendu des anciennes râler contre lui en le traitant de cochon parce qu'il laissait parfois des poulets traîner par terre, sur son poste de travail. Peut-être est-ce revenu aux oreilles d'un chef.

« Tu sais ce que tu vas faire, du coup ?

— Non, je vais rester à la maison, à tourner en rond », maugrée celle qui jubilait, deux heures auparavant, à l'idée de décrocher un jour un CDI.

Je ne trouve pas les mots. Je la regarde, désemparée. Elle hausse les épaules :

« Pfff, je sais ce que c'est, l'intérim, c'est la loi. On te prend, on te jette, c'est comme ça. »

Son visage se referme. Je sors du vestiaire, elle m'accompagne. C'est la première fois que je la vois aller sur le parking. Mais elle reste muette, le regard éteint, s'éloigne du petit groupe pour être seule.

À table, je m'assieds à côté d'Elvina, à ma place habituelle. J'annonce que je suis reprise, mais toujours de l'après-midi et donc que je vais changer d'équipe. J'explique aussi que Julie ne l'est pas. La mauvaise nouvelle ne semble pas accabler les femmes de la table. En fait, je crois qu'elles sont friandes de nouvelles tout court. Détenir l'information, à l'usine, comme dans toute entreprise, c'est important.

Elles me mettent surtout en garde contre l'équipe A.

« Tu vas voir, ils ne font que bosser. Il n'y a pas d'entraide avec eux. Ils ne t'aident pas, tu ne les aides pas, c'est du chacun pour soi. Nous, au moins, on parle, on rigole. »

La rivalité entre les deux équipes est évidente. Une fois qu'on a choisi son camp, on ne le quitte plus. Je serai une des rares transfuges.

À côté de moi est aussi assise Jacqueline, la femme aux yeux clairs et aux cheveux teints en auburn qui en avait marre d'entendre parler de Charlie, l'autre jour. Je l'aime bien, je la trouve rayonnante. La vie, le travail semblent glisser sur elle. À la pause, elle ne se départit jamais de son sourire. Quand elle apprend que Julie n'est pas reprise, c'est la seule à réagir.

« Merde ! À moi, ils ne m'ont rien dit. Si ça se trouve, c'est fini aussi. »

Je suis surprise, je ne savais pas que Jacqueline, que je considérais comme une ancienne, travaillait en intérim à la semaine. Elle m'apprend que c'est le cas depuis des années. Elle élève seule sa fille. Elle a eu un problème de santé, quelques années auparavant, et elle n'a pas pris un seul jour de vacances depuis au moins trois ans. Elle a 47 ans.

« Le vendredi, ils ne me disent plus jamais rien pour la semaine qui suit. Je comprends que c'est bon et je reviens tous les lundis automatiquement. Tant que ça marche comme ça, ça me va. Mais ça ne va peut-être pas durer éternellement. »

Elle ajoute qu'elle aimerait bien se poser. « Se poser » : elle répète ça en boucle, comme un horizon inaccessible.

« Quand mon mari est parti, ça a été très dur. C'est pour ma fille tout ça. Ce serait bien, ce CDI. »

De la sécurité, de la stabilité. La perspective de pouvoir faire à nouveau des projets. Chez Doux, certaines disent préférer l'intérim pour les indemnités de fin de mission et de congés payés : on « gagne mieux » qu'en CDD ou CDI. Mais celles-ci ont en général un autre salaire à la maison.

Je glisse à Jacqueline qu'avec l'annonce des nouvelles embauches, elle peut légitimement prétendre à un poste. En toute logique, ils devraient privilégier ceux qui sont déjà dans l'entreprise, qui ont fait leurs preuves.

« Peut-être que tu devrais le leur redire, que tu le veux, ce CDI, ça ne mange pas de pain. Au moins, ce sera clair.

— Ils le savent, depuis le temps... »

Je ne veux pas trop m'impliquer mais j'ai envie de la convaincre. Qu'elle ose parler, au moins. Si ça se trouve, ils l'ont un peu oubliée, ils l'ont mise de côté, dans la paperasse de contrats. L'idée m'effleure aussi qu'ils puissent la trouver trop vieille. J'imagine qu'elle y a pensé, bien sûr. Surtout quand elle me glisse qu'elle en a marre de voir à côté d'elle « tous ces petits jeunes décrocher des CDI ».

Vers 17 heures, une rumeur un peu folle commence à courir dans l'atelier. À quelques places de moi, Brenda saute de joie.

En raison d'un nombre trop faible de poulets abattus, l'équipe B finirait plus tôt ce soir. À 20 heures au lieu des 20 h 40 habituels. Le monde à l'envers. Nous venons d'apprendre que Doux veut accroître sa production et, aujourd'hui, il n'y a plus assez de travail.

« Tu y crois, toi ? » je demande à Nadège.

Elle me répond, avec son flegme habituel :

« Je préfère ne pas trop y croire, tu vois. Je me dis que c'est trop beau. Si c'est faux, je vais être trop déçue. Si c'est vrai, par contre, ce sera comme une bonne surprise, je préfère. »

Quarante minutes de travail en moins à la pointeuse, c'est 6 euros de moins sur la fiche de paye. Sur le parking, à la deuxième pause, Jacqueline râle :

« Moi, je m'en fous de finir plus tôt. Je veux bosser, je veux des sous. Travailler plus pour gagner plus, ça, c'est mon truc », assène-t-elle, ressortant un vieux slogan politique à succès sans pour autant citer le nom de son auteur.

« Ce qu'il me faudrait, c'est un boulot le week-end aussi. Et puis un boulot la nuit. Tiens, un boulot la nuit, ça me plairait, oui. Je l'ai fait, quand j'étais plus jeune. »

Je me demande si elle plaisante. Je ne pense pas.

« Avec 2 000 euros, je serais bien. 2 000 euros, oui, la vie serait belle, je ferais ce que je veux. »

Autour d'elle, dans la nuit, la petite bande des fumeurs opine en silence. Personne ne rigole. Un ange passe, et il fait un peu la gueule.

La journée s'achève dans une atmosphère étrange. Nous finissons une demi-heure plus tôt, effectivement, mais je n'arrive même pas à m'en réjouir. En sortant, je croise une dernière fois Julie, qui a cogité toute l'après-midi sur son « licenciement ».

« J'ai compris, m'annonce-t-elle. Tu sais, mon père travaille dans les bureaux, sur l'autre site de Doux, près du Mac Do. Je sais qu'il ne s'entend pas avec la chef de l'après-midi aux cartons. Je suis sûre que c'est pour ça qu'ils ne me reprennent pas. Ils ne veulent plus de ma gueule. Ils n'aiment pas la gueule de mon père, ils n'aiment pas ma gueule.

— Mais ça peut aussi être un hasard, je lui réponds, perplexe. Ils devaient se débarrasser de quelqu'un et c'est tombé sur toi. Peut-être qu'il ne faut pas en faire une affaire personnelle…

— J'ai fait trou-trou, c'est tout, balance-t-elle, amère. C'est l'intérim, c'est trou-trou. »

Je sais que c'est la dernière fois que je la vois. Je lui dis qu'elle pourrait trouver du boulot un jour dans sa branche, la blanchisserie. Je n'y crois pas moi-même mais ça lui fait peut-être du bien d'entendre ça.

Avant de quitter le vestiaire, elle me tend sa blouse blanche propre et amidonnée. Le vendredi, on a droit à deux blouses. Une pour le vendredi après-midi. Une pour le lundi matin.

« Tiens, ça te servira, à toi. »

Et puis elle sort.

IX.
Lundi bleu

À la radio, une journaliste explique que c'est « la journée la plus déprimante de l'année ». « À l'exception de François Hollande dont la cote de popularité a fait un bon dans les sondages depuis début janvier, nous allons tous passer une journée affreuse aujourd'hui, que ce soit à la maison ou au bureau », prévient-elle.

Je ne serai ni à la maison ni au bureau aujourd'hui mais je me sens concernée. Comme tous les gens de Doux d'ailleurs. Eux aussi détestent le lundi.

C'est le *Blue Monday*, prétend cette étude pseudo-scientifique, poursuit la radio. Le troisième lundi de janvier, point de convergence de plusieurs paramètres négatifs s'ajoutant au fait de commencer la semaine : le salaire du mois qui traîne à arriver, le temps exécrable, la période post-fêtes, le rappel de toutes les dettes contractées, l'abandon des bonnes résolutions, les épidémies de grippe et de gastro.

Je me dis que cette année, je n'ai pas fait de bonnes résolutions, c'est déjà ça. Selon le Bureau des statistiques du travail américain, le lundi est aussi le jour où l'on a le plus de risque de se faire tuer sur son lieu de travail. J'apprends que c'est une compagnie aérienne qui a financé cette étude en 2005 pour encourager les envies de voyage. Depuis, la compagnie a mis la clé sous la porte.

Je gratte longuement et sans grand entrain mon pare-brise avant de démarrer. Dehors, le vent et les pluies ont cessé pour la première fois depuis début janvier. À la place, un froid sec s'est abattu sur le Finistère. Je préférais la douceur et la pluie. Les averses drues qui vous douchent en pleine rue avant de disparaître, de revenir, de réapparaître. Beaucoup plus imprévisibles que les monotones averses parisiennes. En Normandie, j'étais habituée au crachin, cette pluie fine, ces gouttelettes imperceptibles et tenaces. Une bruine fatigante, qui finit par avoir les promeneurs à l'usure.

Mon week-end à Brest m'a paru beaucoup trop court. Par comparaison, la semaine à venir me semble déjà interminable. Le retour à la réalité de l'usine ne m'enthousiasme guère. En fait, j'appréhende le changement d'équipe. Je traverse, maussade, les paysages blanchis par le gel. Tout semble nouveau, comme lavé, nettoyé par le froid. Tout fait un peu peur aussi.

J'arrive in extremis avant 13 heures, je m'habille au pas de course. La pointeuse indique 12 h 59 et 52 secondes, je n'ai jamais pointé aussi tard.

« C'était chaud pour toi, là », me dit une ouvrière.

Je suis de mauvais poil. Je lance :

« Et sinon, il se passe quoi ? la machine explose ? »

Sérieusement, je me demande ce que ça fait, de pointer en retard. Certains arrivent même dix minutes en avance dans les ateliers et attendent la relève dans le bruit, sur les bancs. En revanche, je n'ai jamais vu un seul retardataire. La peur de la pointeuse, sans doute. Je croise mon équipe de la semaine dernière, qui finit sa journée.

« T'es encore de l'aprèm', toi ? » me demande Nadège.

Elle a mauvaise mine, le teint un peu jaunâtre sous sa charlotte bleue. Elle me souffle qu'elle est sans doute malade, mais elle a préféré aller directement acheter des médicaments chez le pharmacien plutôt que de voir un médecin.

« Tu as de la chance d'être de l'après-midi ! J'avais froid ce matin, t'aurais vu. Les mains complètement jaunes », soupire-t-elle.

Je dis aussi bonjour au grand Pierre, qui me souhaite bon courage, avec un clin d'œil complice.

« Je t'avais prévenue », me dit-il.

Et il fait une grimace un peu outrée en direction des gens de ma nouvelle équipe. J'ai comme l'impression de trahir, de retourner ma veste.

Je prends mon poste de travail habituel et me retrouve avec à ma droite une Vietnamienne d'une quarantaine d'années, souriante et silencieuse, et à ma gauche, une femme qui ne me jette pas un coup d'œil. Ni l'une ni l'autre ne disent bonjour et moi non plus, du coup.

Pour m'occuper, j'observe ma voisine de gauche. Elle me fascine, je n'arrive pas à savoir pourquoi. Elle est petite, extrêmement mince et semble éminemment fragile. Une brindille en blouse blanche et charlotte bleue. Elle porte sous sa blouse un jean et un col roulé, comme tout le monde ici. Ses cheveux châtains sont ramassés en chignon, son visage est un peu osseux, parsemé de rides très fines, surtout autour des yeux.

Pourtant, je ne lui donne pas plus de 40 ans. Le regard bleu clair, la mine boudeuse, butée. Mais quand elle sourit, ce qui lui arrive rarement, tout s'illumine. Emmanuelle Béart qui aurait atteint la quarantaine sans opération chirurgicale. Ce qui est frappant en tout cas, chez cette femme, c'est le contraste entre sa fébrilité apparente et l'énergie débordante, voire excessive, qu'elle met à remplir ses cartons.

À la chaîne, nous ne sommes égaux qu'en apparence. Comme à l'école, il y a les bons et les mauvais élèves. Les cancres, qui rament, désorganisés, s'y reprennent à trois fois pour apposer la bonne étiquette sur le bon carton, laissent leur poste de travail avec un sol jonché de bouts de poulet et de scotch, et, pire, s'en foutent royalement. Les distraits, assez peu motivés, mais qui se donnent néanmoins du mal, cultivent la distraction, la tête ailleurs, mélangent parfois les poulets de 1,2 kilo avec ceux de 900 grammes et tentent de rectifier le tir bon an mal an – c'est mon cas. Il y a aussi les besogneux, ceux qui travaillent de manière appliquée mais sans grand talent, vivotent chichement dans leurs petites cases.

Et puis, certains sortent du lot, empilent les poulets avec une rapidité et une virtuosité évidentes. Ma voisine se situe dans cette catégorie. Sur ma ligne, elle est comme sur un ring. Ses cartons sont des punching-balls.

Une fois ou deux, je tiens la main et me risque à piocher des poulets dans l'un de ses bacs, comme je le faisais avec mes collègues la semaine précédente. Elle me foudroie du regard.

« Pourquoi tu fais ça ? » cingle-t-elle.

Elle tend le doigt vers nos bacs respectifs.

« Ça, c'est les miens. Et ça, les tiens. »

Message reçu 5 sur 5. Je commence à comprendre la mésentente qui règne entre les deux équipes des cartons. L'équipe B est celle des anciens qui se refilent leurs bonbons et leurs antidouleurs. Les A semblent plus jeunes, plus rapides, plus individualistes aussi, comme on me l'avait dit. À voir mes nouveaux collègues se démener, je me sens de l'ancienne génération. La nouvelle m'ennuie déjà.

À la pause, je fais des folies : je me paye un cappuccino noisettes, le « parfum du mois », la « saveur gourmande » proposée par Selecta. Le hic, c'est que je ne sais plus trop où m'asseoir. Ma table habituelle, celle d'Elvina, est occupée par des hommes qui ne travaillent pas aux cartons.

Hommes et femmes ne se mélangent guère, ici. Une seule fois, j'ai pris place arbitrairement à une table composée exclusivement d'hommes. Les conversations se sont tout de suite interrompues. Quatre paires d'yeux un peu intriguées se sont tournées vers moi. Le programme sous le nez, ils parlaient de L'Agora, le cinéma de Châteaulin. *La Famille Bélier*, *Les Héritiers*. Dans un genre différent, *Invincible*.

Ou encore *L'Affaire Sk1* sur Guy Georges, avec Olivier Gourmet et Nathalie Baye. Je l'ai vu l'autre fois, à Brest. Un film sur une enquête judiciaire, à Paris, des bureaux, le métro et le RER, des parkings mal famés, des filles violées, près de chez moi. Je me demande ce qu'on pense d'un tel film, à Châteaulin. Je ne le saurai jamais.

Ce jour-là, je prends place au bout d'une table occupée par deux femmes discutant dans une langue qui m'est tout à fait inconnue. Elles ont les traits fins et, je ne sais pas trop pourquoi, je me dis qu'elles sont éthiopiennes. J'imagine qu'elles doivent parler l'amharique, ou le swahili. N'importe quoi. Elles parlent toutes les deux parfaitement français, en fait.

« Ça va ? Tu es nouvelle ici ? Tu es aux cartons ?

— Oui, enfin je suis arrivée la semaine dernière mais j'étais avec l'équipe B.

— Ça change, hein, les deux équipes ? Pas trop dur ? C'est horrible, le lundi. Le mardi, déjà, ça va un peu mieux. On a oublié le week-end. »

L'une des deux me raconte qu'elle a accumulé différentes expériences dans l'agroalimentaire, le biscuit, le poulet. Un grand classique. Mais elle déteste le saumon.

« Je ne supporte pas le froid. Je suis très sensible à la température. Là-bas, j'avais tellement froid aux mains que parfois, j'avais envie de m'évanouir. »

Retour aux cartons. Je n'ai pas assez de travail, alors j'ai l'impression que le temps s'étire encore plus lentement que d'habitude. Sans activité et sans gants de travail, mes doigts gèlent sous le froid de la chair des volailles. Cette fois, je suis à côté d'un jeune homme qui doit avoir une petite trentaine d'années. Il est brun, les yeux noirs en amande et parle français avec un fort accent algérien.

Abder m'explique qu'il habite avec son cousin, à Brest.

« Je n'ai pas mon permis. Tu as ton permis, toi ? »

Il semble épaté quand je lui dis que je l'ai et que je viens toute seule ici en voiture. Quand il pioche dans mon bac à poulets, souvent, il m'effleure. Plus tard, une femme de la ligne me fait les gros yeux, me met en garde :

« Fais attention à lui, c'est un dragueur. Il demande aux nouvelles leur numéro de portable. »

Je ne suis pas vraiment dupe, mais pour l'instant il ne me demande rien et ça me va très bien comme ça. Il est la seule personne qui m'ait parlé et aidée à la chaîne depuis ce matin.

Le lendemain, il se place à nouveau à côté de moi, nous reparlons. Quelques jours plus tard, en partant à la pause, il me demande de but en blanc si je suis mariée. Un peu désarçonnée, je lui répond que oui. Je sais que ce mensonge va mettre un terme à son aide et à notre complicité naissante.

À partir de ce jour, il prend en effet ses distances.

X.
Nadine

La salle lino et carrelage, à l'heure de la pause, une après-midi, au milieu des odeurs de café industriel. On mastique des biscuits, on avale des compotes en sachet, on souffle pour que les boissons refroidissent dans les gobelets en plastique. Les femmes assises à ma table prêtent une oreille distraite à l'intervention de la déléguée syndicale. Certaines continuent leurs messes basses, échangent des blagues à travers la table. Devant nous, la déléguée fait les cent pas. C'est Nadine Hourmant.

Elle est venue pour faire le point sur les différentes actualités de l'entreprise. Les embauches ou plutôt les titularisations qui se profilent, le projet de la direction de faire travailler les ouvriers le samedi. Au passage, elle annonce la visite de Manuel Valls demain, à quelques kilomètres de Châteaulin, à Ergué-Gabéric, berceau de la famille Bolloré, les célèbres industriels bretons.

Là-bas se trouve l'usine des voitures électriques, du nouveau tram électrique. La Bretagne du futur contre la nôtre, celle, historique, de l'agroalimentaire, la Bretagne qui résiste mais s'étiole doucement. Le Blue Tram contre le poulet halal. Sur le papier, nous sommes moins vendeurs.

« Le Premier ministre ne vient pas chez nous. Il ne va que dans les boîtes où ça va bien », commente, cynique, Nadine Hourmant.

Morne indifférence autour des goûters. C'est le premier déplacement officiel du Premier ministre depuis les attentats de début janvier, et c'est à vingt kilomètres d'ici. J'ai envie de crier : « Ici aussi, ça va bien ! On embauche ! »

C'est la première fois que je croise Nadine Hourmant depuis que j'ai commencé à travailler à l'abattoir. Je l'avais rencontrée une fois, près de la mairie de Carhaix, lors du lancement du mouvement des Bonnets rouges. Elle était la seule femme parmi les hommes à cette conférence de presse. Mais son ton, son charisme, son expression la distinguaient aussi. C'était il y a un an et demi, à l'automne 2013. Une éternité, me semble-t-il.

Je la trouve plus détendue qu'à ce moment-là, plus calme que dans la vidéo du pont de Morlaix. La syndicaliste au gilet rouge continue de se rendre tous les jours à l'usine mais elle a quitté depuis des mois la chaîne de son abattoir. Décharge syndicale. Pendant près de vingt-cinq ans, elle a été aux cartons, avec les autres. Elle a commencé à 18 ans.

Certains ouvriers voient d'un mauvais œil son départ de l'atelier. Ils sont sans doute un peu jaloux. Ce n'est pas d'hier, ça a commencé avec le fameux article, il y a trois ans. Un portrait d'elle paru dans *Le Télégramme*[1]. En arrivant à l'abattoir, le lendemain, elle a trouvé l'article punaisé, déchiré, sur son tableau syndical, dans l'entrée de l'usine. À côté, un mot anonyme avait été griffonné : « Tu penses qu'à ta gueule ! » Douche froide.

Quelques jours plus tard, une pétition a circulé dans l'usine pour la soutenir, lui demander de rester, de continuer à venir informer les ouvriers en salle de pause. L'été suivant, peu après le plan social, elle a refusé la médaille du mérite, qui devait lui être remise par le ministre chargé de l'agroalimentaire, Guillaume Garot. « Qu'il la décerne aux mille dix salariés qui viennent d'être licenciés ! » a-t-elle cinglé. Avant d'ajouter, bravache : « Moi, je veux au minimum la Légion d'honneur ! »

1. Frédérique Le Gall, « Nadine Hourmant, une femme au combat », 8 août 2012.

Aujourd'hui, elle est toujours là, à travailler ses dossiers, préparer ses réunions. Mais elle est exemptée de toute tâche physique. Alors, pour beaucoup, elle ne travaille plus vraiment. Le monde des « faiseurs » contre celui des « pensants ». À leurs yeux, Nadine est passée du côté obscur, dans l'univers des médias et des politiques.

Cette après-midi, c'est la seule parmi les ouvriers à ne porter ni blouse blanche ni charlotte. En la voyant, habillée mode, avec son jean et son chemisier blanc brodé de dentelles, petit gabarit énergique qui fait claquer ses bottines à talons sur le plastique sombre, je me sens sale, mal fagotée dans ma tenue de travail. Je mesure le poids de l'uniforme, à quel point on peut se sentir petit, en blouse.

Avant, c'était elle l'ouvrière, moi la journaliste avec mon calepin et mon stylo. Aujourd'hui, elle ne me voit pas. C'est elle qui a une feuille à la main, et qui arpente la salle de long en large avec ses bottes, ses longs cheveux blonds détachés. Elle fait de grands moulinets avec ses bras, hausse le ton, ponctue parfois ses phrases d'un petit rire sec, percutant. Elle fait son cinéma. Je me dis qu'il en faut, de l'énergie, pour parvenir à capter l'attention des ouvriers harassés.

Chez Doux, seul un ouvrier sur dix est syndiqué. La moyenne. La France est l'un des pays au monde où le taux de syndicalisation est le plus bas, autour de 8 %. Du côté des ateliers, Force ouvrière, le syndicat de Nadine Hourmant, est majoritaire. Arrivent ensuite la CGT et la CFDT. De l'autre côté, dans « le palais des glaces », les bureaux tout en miroirs des cadres, il n'y a aucun syndicat.

La grève et les débrayages ne font pas vraiment partie de la culture ouvrière aux abattoirs. Les grandes mythologies du drapeau rouge, du Front populaire, de la révolte prolétarienne se sont évaporées avec les années. Mais ont-elles jamais existé, ici ? J'en viens à me demander si ce ne sont pas des fantasmes surannés de non-ouvriers.

En octobre 2013, ce sont les leaders des syndicats et non la base des ouvriers et agriculteurs qui ont eu l'idée de se mettre des Bonnets rouges sur la tête. Il n'empêche : le message a porté, des foules d'agriculteurs et de salariés ont commencé à organiser des rassemblements au pied des portiques écotaxe pour y mettre le feu, avant d'être rejointes par les petits patrons.

Les ouvriers les plus mobilisés étaient ceux qui étaient concernés par les plans sociaux, chez Gad, chez Marine Harvest. Chez Doux, l'orage était déjà passé l'année d'avant. Au début de l'été, en juin 2012, un débrayage avait été organisé. Quelques minutes de travail en moins, donc. Moins violent que la grève pour le patron, moins douloureux sur la fiche de paye pour l'ouvrier. En avril 2013, aussi, un arrêt de travail avait eu lieu contre « les cadences infernales » et le travail du samedi. Mais les syndicats avaient eu du mal à convaincre les ouvriers de quitter la chaîne. Même une demi-journée de travail en moins, ça fait mal au budget familial. La colère a un goût amer quand on est payé au SMIC.

Dans la salle de pause, l'attention renaît. Dès que ça parle concret, vie quotidienne, les nez se lèvent. Les dindes de la fin de l'année. Y en aura-t-il d'autres en rab' ? Puis le dossier des machines à café arrive sur le tapis. Les indéfectibles compagnes des pauses vont partir. *Bye bye* Selecta, soupes à la tomate avec croûtons et sandwiches triangles. L'usine va changer de crémerie. Mais ce sera quoi, la nouvelle crémerie ? Moi aussi, j'ai envie de savoir. Y aura-t-il encore des cappuccinos noisette à 35 centimes ? Ouf. Les tarifs des boissons chaudes ne changeront pas.

À leur tour, les embauches sont évoquées. Pour qui ? Pourquoi ? Y aura-t-il des recrutements externes ou simplement la titularisation des contrats précaires ? Et ce sera où ? Pas forcément à Châteaulin. Outre le siège social, l'entreprise dispose de sites en Vendée, à Chantonnay, ou à Plouray, dans le Morbihan.

Les anciennes s'en fichent un peu, des embauches. « C'est pour vous, les jeunes, que ça compte. Nous, on attend la retraite », m'a-t-on dit l'autre jour à la chaîne. L'attente, toujours, cette attente fataliste qui écrase toute envie de révolte. Elles posent, curieuses, la question aux intérimaires et aux CDD : « Et toi alors, tu feras quoi ? » La réponse, en général : « Si on me propose, je pense que je dirai oui. » Le boulot, ça ne se refuse pas.

Pour le moment, je n'ai entendu qu'une femme dire qu'elle s'en foutait, du CDI. Une marginale. Elle travaille dans l'équipe B, en intérim, elle a une quarantaine d'années et fait partie de ces femmes qui bossent sans dire un mot. « Faire la même chose toute ma vie, très peu pour moi », a-t-elle balancé à la tête de Michelle et des autres. Et pan. Les autres l'ont regardée, intriguées.

Nadine Hourmant tente de répondre aux questions, qui fusent désormais. Elle transmet les bribes d'information qui lui sont remontées, parle de l'augmentation prochaine du nombre de poulets à abattre. « En ce moment, on est au taquet », répète-t-elle.

Ces dernières années, à Châteaulin, de nouvelles machines sont arrivées, les « masterpacks », qui emballent sept mille poulets à l'heure, beaucoup plus que les hommes et les femmes, avec leurs mains, leurs poignets fragiles et leurs tendinites. Il n'y a pas eu de licenciements, les postes ont été réorganisés. Résultat : les machines ont permis d'augmenter les cadences. Or, de nouvelles masterpacks doivent arriver. Les machines et les bras supplémentaires vont permettre de satisfaire les nouveaux objectifs d'abattage.

Il faut rester compétitif face aux Brésiliens. De l'autre côté de l'Atlantique, le poulet est ionisé ou plongé dans des bains de chlore. Oui, mais à l'usine, quand on voit arriver les machines, on fait la gueule et c'est normal. Le jour où tout sera automatisé, où il n'y aura plus ni blouses ni charlottes, tous à la maison ! Sans travail, plus de dignité, plus rien.

Alors on est prêt à tout accepter pour travailler, quelles que soient les conditions.

Sur certains postes, déjà, l'ouvrier n'est plus là que pour assister la machine. Pieds et mains liés, dépendant d'elle, de son rythme, de sa performance. Quand la machine nous aura tous rendus inutiles, il se passera quoi ? Ce sujet n'est jamais abordé. Il est vrai que certaines tâches ne peuvent être réalisées que par l'humain. Pour les poulets petits calibres, les machines n'existent pas encore. L'horizon du tout mécanique demeure lointain.

Ces embauches, en tout cas, voilà un sursaut. Un revirement symbolique. Surtout après le *bad buzz* de l'été dernier. Nadine Hourmant lâche l'expression. Le *bad buzz*. La sale rumeur qui a enflé. Pas celle des allées de Leclerc, la bretonne, mais celle, plus efficace et douloureuse, qui bruisse sur les réseaux sociaux jusqu'au Golfe persique.

L'été dernier, les interlocuteurs de l'actionnaire saoudien Almunajem auraient détecté des ecchymoses sur les poulets congelés. Menace sur l'image de qualité de la volaille bretonne. Sueurs froides dans le Finistère. L'image de luxe, voilà le nerf de la guerre. La même image qui incite les Chinois à se ruer sur le lait en poudre des vaches bretonnes pour nourrir leurs enfants.

Mais c'est de l'histoire ancienne. À l'automne, la rumeur est partie comme elle était arrivée, on ne sait plus trop comment, on ne sait plus trop pourquoi.

Pour augmenter le rendement, la direction envisage une nouvelle fois de faire fonctionner l'usine certains samedis. Mes collègues ne sont pas enthousiastes mais pas non plus opposés. Nadine nous expose le plan de la direction pour 2015 : faire travailler les ouvriers six samedis.

Là aussi, l'idée fait son chemin, il faut bien s'y résigner. Dans le Finistère, les usines de l'agroalimentaire travaillent déjà certains week-ends, pourquoi pas chez Doux ? Comment aurais-je réagi si on m'avait demandé un beau jour de travailler le samedi à l'abattoir ? J'essaie un instant de me mettre à leur place. Mais c'est impossible.

Pour la plupart des gens des cartons, la famille est un socle, le noyau d'une vie déjà mise à mal. Ici comme ailleurs, certains couples ne font que se croiser en semaine. Ils passent à peine une nuit ensemble, jonglent avec les horaires décalés. La relation devient une immense liste de détails à gérer. Les courses, les allers-retours à l'école. « Elle, en rentrant de l'usine le matin, elle a à peine le temps de fermer les yeux qu'il faut accompagner le grand à l'école », j'entends un jour.

Et bientôt, même le week-end n'existera plus. Travailler le samedi, un jour le dimanche, à quel prix ? Bien sûr, c'est le montant de la prime qui intéresse, qui fait espérer. Travailler plus pour gagner plus. « On aura combien de pépettes en plus ? » demande une femme à la cantonade dans la salle de pause.

Pour l'instant, chacun toucherait une prime de 30 euros bruts pour le sixième jour travaillé et une majoration de 25 %. Ce n'est pas négligeable. Je pense aux sondages, aux enquêtes d'opinion sur le travail du dimanche. Dans quelques jours, il en sera à nouveau question à l'Assemblée, dans le cadre du débat sur la loi pour « la croissance, l'activité et l'égalité des chances économiques » portée par Emmanuel Macron. Êtes-vous pour ou contre ? On peut être contre mais vouloir gagner plus d'argent. Surtout quand on est payé 7,50 euros nets de l'heure.

Je contemple mes collègues qui acceptent, abattus, le nez dans leurs goûters. Personne n'est dupe, pourtant. Ils comprennent ce qui se passe pour eux, à quel rôle ils sont assignés. Se protègent-ils ? La crise a-t-elle eu la peau du collectif, des solidarités ouvrières, pour laisser la place à cette acceptation lisse ? Je suis un peu déçue, en fait. Cette résignation apparente me désarçonne. Elle manque d'héroïsme, de lyrisme pour l'ancienne étudiante d'hypokhâgne que je suis.

On ne pourrait décidément pas en faire un roman. La lutte des classes 2015 a un coup dans l'aile. À moins qu'elle ne soit devenue plus insidieuse, silencieuse.

Soudain, tout le monde sursaute. Nadine Hourmant s'éclaircit la voix, évoque « la surprise ».

« Vous vous rappelez ? dit-elle en souriant. Je vous avais dit qu'il y aurait bientôt une surprise… »

À ma table, on se réveille, intriguées, la charlotte aux aguets. Il est bientôt l'heure de nous lever pour reprendre notre poste mais une petite excitation pointe. J'ai l'impression que nous sommes des enfants attendant un bonbon, un cadeau inespéré. Le père Noël revient en France par Châteaulin, qui l'eût cru ?

« Eh bien, elle va venir, la surprise ! Et vous n'allez pas être déçus. C'est pour bientôt ! » conclut Nadine.

Puis elle tourne les talons.

XI.
Macron ne sera pas la star des vestiaires

En arrivant, je file chercher ma blouse. À la lingerie, deux ou trois personnes patientent, comme d'habitude. À force, on connaît les têtes, pas les noms. La lingère sourit. Jauge ma corpulence d'un coup d'œil. Elle a le compas dans l'œil, c'est son métier. Va décrocher derrière elle une des centaines de blouses blanches immaculées. Tend l'attirail sans un mot. Blouse en coton blanc *M*, pantalon en coton blanc *M*, gants en plastique bleu taille intermédiaire. Ils sont toujours trop grands pour moi.

« C'est possible d'avoir des protège-oreilles en plus ?

— Souples ou rigides ? »

Chacun ses habitudes. Les anciens s'en font faire sur mesure, moulés directement dans l'oreille. Ça coûte cher à l'entreprise, il ne faut pas les perdre. La Rolls-Royce du protège-oreilles. Le bruit, ici, c'est une affaire sérieuse. Je me contente de bouchons éphémères. J'ai des oreilles standards, apparemment : ils ne tombent pas souvent.

Quand je sors de la lingerie, une affichette qui vient d'apparaître attire mon attention : « Demain, vendredi 23 janvier, il sera interdit de se garer sur les places du parking, aux premiers rangs, face aux bureaux. » Je repense à la surprise dont Nadine nous a parlé.

Devant l'entrée, dehors, un petit groupe devise.

« Il y a le Premier ministre, Macron, qui vient demain », fanfaronne une femme.

Son info fait d'abord un flop. Puis une autre, face à elle, finit par dire :

« Qui ça ? Connais pas...
— Ben, tu sais, reprend la première, c'est celui qui dit qu'en Bretagne, les femmes ne trouvent pas de boulot parce qu'elles ne savent pas lire.
— Je rêêêve ! »
À côté, un costaud, vieux de la vieille, hoche la tête, l'air entendu. Il le savait déjà. On ne la lui fait pas, à lui. Les visites, il en a soupé. À chaque fois, c'est la même rengaine.
« Ça va encore être le bordel sur le parking. Ils vont venir avec leurs grosses voitures et puis on n'aura pas le droit de fumer. »
Soupir consterné chez les fumeurs.
« M'en fous, reprend la femme du début. Moi, j'amènerai ma vapote. »
La conversation prend un tour nouveau. Regain d'intérêt chez certains.
« Tu sais, il paraît que même la vapote, ce n'est pas bon, reprend le gros bonhomme.
— De toute façon, à les écouter, il n'y a plus rien de bon sur cette planète. Faut plus manger, faut plus respirer, faut plus boire, faut plus fumer... répond la femme.
— Tu parles, ils n'y connaissent rien. C'est juste l'État qui veut s'en mettre plein les poches au passage, c'est tout. »

Dans l'après-midi, je suis ensevelie sous les poulets. Mes bacs « dégueulent », comme on dit ici. En transpirant, je me demande si, jusque-là, je n'ai pas eu un régime de faveur. Au bout de deux semaines, je commence à me rendre compte qu'il y a les bonnes et les mauvaises places et que je peux facilement me faire avoir. Mais je suis loin d'avoir toutes les clés.
La chef vient me donner un coup de main.
« Tu n'as pas eu froid depuis ta pause, toi ! » remarque-t-elle, souriante.
J'accepte son aide, j'ai l'impression que c'est gratuit. Je me méfie un peu quand même.

Je crois que le changement d'équipe a durci mon regard. Je ne me sens plus entourée de la même bienveillance, même si, comme maintenant, il arrive encore qu'on vienne me donner un coup de main. Finis les privilèges de mon statut de débutante. Il faut me résoudre à faire partie des meubles.

J'ai appris, avec un peu d'amertume, à repérer les ficelles. Désormais, le poids du copinage, les différences de traitement, les rapports de force me sautent aux yeux, comme si différentes catégories d'ouvriers, différentes classes se recréaient, de manière informelle, une fois le seuil de l'usine franchi.

Tout en bas de l'échelle, il y a ceux qui ne comprennent pas le français, ou à peine. En montant de quelques degrés, on croise les petites jeunes, comme moi, employées en intérim. Juste un peu plus haut, les CDD, les précaires qui peuvent espérer gagner du galon mais après des mois ou des années de bons et loyaux services. Certains, par exemple, ont le droit de changer de poste au cours de la journée, quand les autres sont rivés exactement au même endroit huit heures d'affilée.

Pouvoir, comme eux, passer deux ou trois heures par jour aux Moba me donnerait l'impression de changer d'air, ce qui est, ici, infiniment précieux. Les Moba sont les machines qui permettent d'emballer les poulets (manuellement, contrairement aux masterpacks, qui les remplacent peu à peu). Elles sont situées dans le même atelier, pile devant les chaînes des cartons. On y travaille entouré du même boucan mais au moins, on est seul, peinard et, comble du luxe, assis.

Las. Ce ne sera pas pour moi. Il faut attendre trois ou quatre mois pour être formé aux Moba, et dans une semaine je serai partie. Même si je redoublais de rapidité, d'efficacité, je ne connaîtrai pas le plaisir de changer de caste, de gravir l'un de ces petits échelons qui constituent la hiérarchie, finalement assez complexe, de l'abattoir. Chaque jour qui passe me rapproche du retour à ma vraie vie, et creuse d'autant l'écart avec mes collègues, impossible de me l'ôter de l'esprit.

Le soir, alors que je m'apprête à quitter l'atelier, le petit Dylan, l'un des plus jeunes aux cartons, accourt. Il veut me transmettre l'information de la journée.

« Tu sais, il y a Manuel Valls qui vient demain.

— Valls ? On m'avait dit que c'était Macron.

— Ah non, c'est Valls, répond-il, sûr de son coup. On va finir plus tard. Sans doute vers 21 heures. Quand il y a de la visite, c'est toujours la même chose. C'est prévu à 14 heures et puis ils sont toujours en retard alors ça chamboule tout ! »

L'invité-mystère a changé. Je ne sais pas s'il y a eu un raté dans la transmission d'information ou si, simplement, Dylan se plante.

Aux vestiaires, je veux en avoir le cœur net. Je me tourne vers la casque jaune qui a le casier derrière moi.

« Il paraît qu'on a de la visite, demain.

— Oui, le ministre du Commerce ! confirme la chef, fatiguée d'avance. Dès 11 heures, la chaîne va tourner au ralenti. Une visite, c'est toujours plus de boulot pour les ouvriers. »

Sur la route du retour, je me dis que la quasi-totalité de l'usine est désormais au courant sans qu'il y ait eu aucune annonce officielle de la direction. C'est étonnant, et un peu vexant. Allons-nous uniquement servir à habiller l'arrière-plan à la télé ? Allons-nous, une fois de plus, passer à l'as ?

La venue d'un ministre pourrait être vécue comme une fierté pour les salariés, ou en tous cas vendue comme telle par la direction. Or, elle est tenue secrète, elle ne circule que par des bruits de couloir. Ce n'est pas anodin. J'imagine qu'Emmanuel Macron vient faire amende honorable pour sa bourde de l'automne sur les « femmes illettrées ».

Une petite phrase, certes, mais l'une de celles qui symbolisent le mieux le fossé grandissant entre le gouvernement et les classes populaires. C'était sa première interview en tant que ministre de l'Économie à la radio, sur Europe 1, et il évoquait les salariés de l'abattoir de porcs Gad, à Josselin, dans le Morbihan, qui venaient d'être licenciés. Cet homme, plutôt jeune pour la fonction, brillant, a encore aujourd'hui du mal à se défaire de l'image de technocrate froid et austère qui lui colle à la peau. Cette image d'« ancien banquier » comme ne cessent de le rappeler les articles.

Il a aggravé son cas ce jour-là. « Il y a dans cette société une majorité de femmes, pour beaucoup illettrées. On leur explique : "Vous n'avez pas d'avenir à Gad ou aux alentours, allez travailler à cinquante ou soixante kilomètres." Ces gens-là n'ont pas le permis de conduire. On va leur dire quoi ? Il faut payer 1 500 euros, il faut attendre un an ? » Le pire, c'est qu'il parlait d'un vrai problème, en Bretagne et ailleurs. Celui de la mobilité. En plus, Macron a sans doute confondu Doux et Gad. Dans les abattoirs de porcs, l'essentiel de la main-d'œuvre est masculine.

Cette visite dans le Finistère, il la promet depuis des semaines. Les attentats de janvier ont sans doute retardé le déplacement. C'est finalement une aubaine pour Doux. Les visites sur le terrain du jeune ministre de l'Économie sont rares. Devant la France entière, Doux va être brandi en exemple. Je vois déjà la tête de Pujadas sur France 2, son petit sourire en coin, en égrenant les titres du « 20 heures » : « Voilà une entreprise qui a réussi sa restructuration. Un an après les plans sociaux, après les manifestations des Bonnets rouges, le groupe Doux réembauche. » Une bien belle histoire.

Il va y avoir beaucoup de journalistes, des caméras, des discours. La direction pourrait en profiter pour redorer son blason auprès des salariés. Les occasions ne sont pas si nombreuses. En même temps, elle doit être nerveuse.

Les Bretons, ouvriers comme agriculteurs, ont le sang chaud et ont prouvé qu'ils avaient un certain talent pour mobiliser des foules en un temps record. Emmanuel Macron ne doit pas avoir envie de réveiller sur son passage les quelques Bonnets rouges qui dorment d'un œil dans les environs. À quelques jours de l'ouverture du débat sur sa loi à l'Assemblée, un ministre venu s'excuser ne peut se permettre de se retrouver enseveli sous les choux-fleurs ou les poulets.

Le lendemain, j'arrive de bonne heure. Dès le parking, on sent que c'est l'ambiance des grands jours. En sortant de la voiture, je croise l'une des ouvrières de l'après-midi, réputée pour son franc-parler et son léger penchant pour le Ricard, qui, munie d'un petit chariot, ramasse une à une les feuilles mortes en maugréant.

Les places près de l'entrée de l'abattoir sont encerclées de cordons de sécurité en plastique rouge et blanc. Des oriflammes posées sur un socle avec le logo rouge du groupe volettent légèrement sous la brise, le soleil et le ciel bleu. Même la météo semble s'être préparée à la venue du ministre de l'Économie. Les mouettes tournoient toujours autour des cheminées mais leur ballet ressemble aujourd'hui à une danse de bienvenue, joyeuse, un peu ironique.

Avant de pointer, je prends place à une table de la salle de pause, munie du *Télégramme* du jour et d'un sandwich. À côté de moi, l'une des femmes de ménage finit son repas, l'air ronchon.

« Tu as sorti les patins ? lui balance, rigolarde, une collègue en s'asseyant à côté d'elle.

— Pfff... Il faut encore que je repasse le couloir. On m'a dit qu'il ne fallait plus qu'il y ait une trace de pas. Mais comment tu veux, vu le monde ici, qu'il n'y ait plus de traces de pas, toi ? C'est vraiment n'importe quoi leur truc ! Je vais faire un malaise s'ils continuent, ils vont voir ça. »

Elle est intarissable.

« En plus, ce ministre, c'est celui qui a dit qu'on était illettrées. Si j'avais su, moi, je l'aurais accueilli avec une affiche Ma*con* au lieu de Macron. Il aurait vu, lui, les belles fautes d'orthographe des Bretonnes », assène-t-elle en avalant sa dernière bouchée.

Une photocopie posée devant elle, l'une des femmes à charlotte lit à voix haute le portrait d'Arnaud Marion paru deux jours auparavant dans *Libération*[1]. On y apprend que ce manager de crise de 48 ans « d'une élégance discrète dans son costume gris à fines rayures et ses lunettes à montures noires » (*sic*) a sauvé « une entreprise qui pèse aujourd'hui 450 millions d'euros de chiffre d'affaires pour 2 200 salariés ».

Mais ça, on le sait déjà. Ce qui semble surtout réjouir la lectrice c'est que « cet hyperactif qui se contente de quatre à cinq heures de sommeil par nuit » a « redressé les comptes du Lido, au bord du gouffre ». Elle se marre. « Le Lido, tu te rends compte ? » Avec les danseuses à poil, les plumes, tout ça. D'un coup, il prend une autre dimension, le sauveur de Doux. Le PDG, le Breton Jean-Charles Doux, fils de Charles et petit-fils de Pépé Doux, qui a repris les rênes en 2013, fait pâle figure à côté d'Arnaud Marion. Il incarne un autre temps, celui du paternalisme.

Je me dirige vers la lingerie. Là encore, tout le monde est surexcité. La lingère me tend ma blouse dans une posture théâtrale. Elle ânonne en grossissant le trait l'instruction qu'on lui a recommandé de transmettre :

« Bon, et tu te rappelles, tu ramasses bien tous tes cheveux sous ta charlotte aujourd'hui ! Il ne faut plus qu'il y ait une mèche qui dépasse. Son altesse royale Monsieur le Connard ne va pas tarder ! »

Devant la Guillotine, l'atmosphère est électrique. Les casques jaunes font des mines graves, en petit groupe comme s'ils fomentaient un complot. L'une des chefs nous passe en revue, vérifie que nos blouses sont boutonnées jusqu'en haut. À côté, Deborah, la boxeuse des cartons, rigole avec une collègue, Lydia. « Tu as vu, j'ai mis mes paillettes pour passer au journal de France 2 ! » fanfaronne-t-elle en tirant sur son

1. Pierre-Henri Allain, « Volaille que vaille », 20 janvier 2015.

col roulé, à paillettes en effet, qui dépasse de sa blouse. J'ai l'impression qu'elle s'est maquillée plus que d'habitude.

La minute d'après, l'une des casques jaunes, celle qui m'a aidée la veille, s'approche en me faisant les gros yeux.

« Bon, je le dis à tout le monde et je te le répète : aujourd'hui, on fait de beaux cartons, on ne laisse pas passer de sac troué. Et aucune étiquette ne doit traîner par terre ! »

Ce zèle m'agace un peu, étant donné que ces directives, nous tentons de les appliquer tous les jours.

« Oui, donc on est d'accord, on fait comme d'habitude, quoi… » me glisse justement l'une de mes collègues.

Chacun s'installe à son poste de travail. Deux minutes après, j'ai à peine envoyé deux cartons sur la chaîne, deux « beaux cartons », que la même casque jaune est de retour à mes côtés.

« Bérangère, tu as bien compris ? On a dit qu'on allait embaucher du monde, on n'a pas envie d'en renvoyer ! »

Cette fois, la menace est claire.

Je n'ai jamais vu la chaîne fonctionner aussi lentement. Tout est calculé pour que les caméras aient devant elles une usine bien ordonnée, des cartons bien rangés, des ouvriers aux blouses impeccablement boutonnées. Les cartons défilent, parfaits, harmonieux. J'empile les poulets la tête ailleurs. Je me hisse de temps en temps sur la pointe des pieds pour mieux voir l'entrée de l'atelier.

Comme d'habitude, nous n'avons pas l'heure et je ne peux pas vérifier si le ministre, censé arriver à 14 heures, va être ponctuel. De toute façon, toujours aucun visiteur en vue. On s'impatiente un peu, sur cette chaîne artificiellement au ralenti. On s'ennuie plus que de coutume.

Enfin, au loin, j'aperçois un petit groupe d'individus casqués de rouge, façon Playmobil, avancer au pas de course dans les ateliers voisins, ceux de l'accrochage des bêtes mortes. Une seule caméra les suit à la trace. Je regarde la journaliste et l'idée m'effleure que je devrais être à sa place. Je me retourne vers mes collègues, en me répétant que ce sont elles, mes collègues, même si c'est très troublant, et que, dans quelques semaines, je pourrais très bien revenir ici, de l'autre côté. Elles baissent le nez d'un coup à l'approche du ministre. Si elles pensaient apparaître au « 20 heures », c'est raté.

À un moment, je tourne la tête vers la droite et je le vois, là, scrutant notre ligne à côté d'Arnaud Marion qui nous montre du doigt. On n'entend rien, comme d'habitude. La cravate noire du ministre dépasse de sa blouse blanche – négligemment boutonnée. Il est assez cocasse, avec sa charlotte bleue surmontée d'un casque rouge. Je me dis qu'ils ont poussé le zèle un peu loin.

L'instant d'après, il a disparu de mon champ de vision. Sur ma ligne, tout le monde reste silencieux encore une bonne dizaine de minutes, le temps de s'assurer que le ministre a déserté les parages. Je sens de l'énervement dans l'air. Son retard a décalé l'heure habituelle de la première pause de l'après-midi d'une bonne vingtaine de minutes. Une éternité. Enfin, on nous libère.

Dans les vestiaires, tout le monde grommelle un peu. Je demande à Lydia si elle l'a vu.

« Non, je n'ai pas osé regarder. De toute façon, je ne l'aurais pas reconnu, je ne vois pas la tête qu'il a. Et toi ? »

Je ne réponds pas. Bien sûr que je l'ai reconnu. Je ne fréquente que rarement les ministères mais mon travail m'y entraîne quand même de temps en temps, au hasard d'un déjeuner, d'une conférence de presse. La première fois que j'ai croisé Macron, c'était au ministère de l'Agriculture. Il venait d'être nommé. J'avais été un peu surprise. Il m'avait paru si jeune, si fluet, souriant, à côté de cette armoire à glace de Stéphane Le Foll, son homologue de l'Agriculture. Je lui avais presque trouvé une bouille d'étudiant, la tête sympathique du copain de fac avec qui, il y a quelques années, j'aurais pu boire des bières au Balto après les cours.

Que se passerait-il si je commençais à balancer tout ça à Lydia ? Quelle tête ferait-elle à son tour ? Je navigue entre deux mondes. Lequel m'est le plus familier, finalement ? D'habitude, je m'en rends compte, je vis dans une petite caste qui fréquente de temps en temps les ministères. Et aujourd'hui, je ne me suis jamais sentie aussi proche de cette femme, aussi impliquée dans cette mission, ce travail que nous partageons, notre galère commune de l'après-midi.

Dehors, je retrouve le petit groupe habituel. Finalement, la visite de Macron n'aura privé personne de nicotine. Disparus les cordons de sécurité, les flonflons. La visite n'a sans doute duré qu'une petite demi-heure. Tout ça pour ça. Une ouvrière se moque :

« Môssieur "je fous rien dans mon bureau" a pris la poudre d'escampette ! »

Je reste songeuse. Nous venons de subir une pression importante de notre hiérarchie, la chaîne a pris du retard et finalement, quelle trace cette visite laissera-t-elle ici ? Rien. Pas même un petit remerciement en salle de pause. J'ai l'impression que nous avons complètement été évincés alors que nous sommes le socle de cette usine. (C'est un fait : je ne peux m'empêcher de dire « nous ».) Sans nos bras, pas de redressement pour Doux. Je ronge mon frein en silence. Mais je n'arrive pas à m'ôter de l'esprit que la façon dont s'est déroulée cette visite a une portée symbolique, et que le symbole n'est pas des plus heureux.

Retour aux cartons. Plus une seconde pour réfléchir, les cisailles fonctionnent à plein régime. Si l'on veut finir à temps, ce soir, il faut mettre les bouchées doubles. Je n'ai jamais vu les cases se remplir à une telle allure. Tout le monde transpire, les joues rouges, tapant les poulets dans les cartons avec pour seul objectif d'écluser le trop-plein. Drôle de journée. Je ne sais plus où donner de la tête. Mon voisin de gauche me jette un regard peiné.

« Tiens, ne t'inquiète pas, on échange nos places. Il faut carburer, là. Tu ne sais pas faire. »

J'ai perdu toute fierté : je lui cède ma place.

Un peu plus tard, au vestiaire, je m'affale sur un banc, jambes et bras coupés. J'ai faim, je n'ai pas envie de parler. Pas même le courage d'écouter les autres, ce que je fais la plupart du temps ici. Je ne sais plus où me situer. Je vois bien que ma réaction, aujourd'hui, est disproportionnée par rapport à celle de mes collègues. Eux sont dans leur routine, habitués à ces visites. Ils ne sont pas déçus : ils n'attendaient rien. Ils n'attendent plus rien, c'est là que le bât blesse.

Dans ma vraie vie, je participe à ce genre de simulacres retransmis le soir à la télévision. Je le fais du mieux que je peux, avec distance, parfois un peu d'ironie, en tentant de donner la parole à tout le monde. Mais je reste malgré moi l'un des rouages du système, je lui permets de fonctionner en lui donnant de la visibilité. Chaque semaine, j'apporte un peu d'eau au moulin. Ce soir, je touche du doigt ce qui m'a entraînée ici. J'arrive à comprendre, un peu, ces gens avec qui je travaille depuis deux semaines. À ressentir, jusque dans mon corps, l'indifférence et l'invisibilité.

Devant moi, sur le banc d'en face, quatre ou cinq personnes qui sont aux cartons, comme moi, mais que je ne connais pas. Des hommes et des femmes, jeunes et moins jeunes. Ils s'esclaffent devant l'écran d'un téléphone portable. Le son tourne à plein régime. On dirait un truc de rap, de hip-hop, je n'y connais rien. Ils sont beaux à voir, à se marrer comme ça.

Je m'approche. C'est un clip sur Youtube. On y voit un homme danser le *moonwalk*, un peu comme Michael Jackson. Il se débrouille bien.

« C'est qui, lui ? je demande.

— C'est Félix, tu sais, le petit Noir du masterpack. »

On le voit se déhancher dans tous les sens, faire de grands gestes avec ses bras, chanter dans une langue inconnue avec sa casquette, son jean et sa veste de cuir. Le moins que l'on puisse dire, c'est que c'est fait maison, basique, avec du synthé des années quatre-vingt-dix. Mais l'ensemble est plutôt réussi.

« C'est son truc à lui, le rap, au petit Noir. Il fait ça le matin ou le soir, après l'usine, dit l'une des plus jeunes de la bande.

— Je n'y comprends rien, c'est n'importe quoi », soupire une ancienne.

Le rap, le smartphone, Youtube, c'est un peu trop pour elle. Elle ne veut pas vraiment faire d'effort, non plus.

Les plus jeunes défendent la star des cartons. Ils sont fiers qu'il y ait un musicien parmi eux. Un musicien comorien. Breton et comorien, la classe.

« Plus de deux cents vues sur Youtube, ce n'est pas mal, quand même. »

La vraie star du jour, celui qui met l'ambiance dans les vestiaires, c'est Félix.

XII.
Il y aura à boire et à manger

Deux petites mémés assises côte à côte à la cafétéria du Leclerc. Dehors, la pluie tombe dru contre la véranda en plexiglas du supermarché de Châteaulin. Elles ont fini leur café depuis une éternité mais semblent se trouver bien, là, entre copines. Un peu à la maison, au sec et au chaud, le journal étalé sur la table devant elles.

« Ah ! Les vœux ont été décalés à Châteaulin à cause de Charlie », commente l'une d'elles.

Je m'étonne toujours de l'emploi du terme « Charlie », qui sert désormais à désigner tout et n'importe quoi. De quoi parle-t-on ? Des attentats ? De la liberté d'expression ? Tout le monde l'emploie à toutes les sauces, comme si désormais il faisait partie de la famille, ce Charlie.

Où est Charlie ? Dans le Centre-Finistère, partout. On le voit sur le pare-brise des voitures, la porte des maisons, des commerces, sur les mairies, les bistrots. Un peu plus, et ça va devenir un argument marketing ou le prénom le plus donné en 2015. Je me demande si, dans quelques mois, quelques années, les gens se rappelleront que c'était d'abord un journal satirique avec des dessins du pape en train de se faire sodomiser.

« Ah ? Et c'est quand ?

— Samedi prochain, le 31, à l'Espace Coatigrac'h.

— Ah !

— Il y aura à boire et à manger, c'est bien. »

Puis elles passent à autre chose, embrayent sur la pêche aux couteaux. La grande passion dans les parages. En quittant

Brest, tout à l'heure, je les ai vus sur la plage, ces pêcheurs à pied. Au début, je ne comprenais pas ce qu'ils faisaient là de bon matin. Des âmes errantes, des zombies, le nez baissé, l'œil alerte, à scruter la présence de l'étrange crustacé dissimulé sous le sable. Ce n'est pas fameux, les couteaux. C'est dur à cuisiner. *Walking Dead* dans le Finistère. Il y a de plus en plus de zombies sur les plages, près de Brest.

Dans le journal, il y a aussi la présentation des candidats du Front national dans le Finistère pour les départementales de mars prochain. Ils seront présents partout, dans les vingt-sept cantons. Le parti créé par le Breton, l'homme de la Trinité-sur-Mer, Jean-Marie Le Pen, n'a jamais fait des scores très importants dans le Finistère, toujours en dessous de la moyenne nationale. Certains politologues expliquent cette faiblesse par le poids du catholicisme, la forte activité professionnelle féminine, la faible population étrangère[1].

Mais, ici comme ailleurs, le parti d'extrême droite gagne des voix, parvient à faire peur. En 2012, lors des législatives, Châteaulin faisait partie de la même circonscription que Carhaix. La candidate frontiste s'appelait Marie-Anne Haas et elle avait fait campagne sur les problèmes de drogue et d'insécurité. « Les rues de Carhaix vont-elles devenir comme le 9-3 ? » avait-elle déclaré. Je ne sais toujours pas s'il faut en rire ou en pleurer. Ce pauvre 93, récupéré à toutes les sauces. Je me demande si Marie-Anne Haas a déjà mis les pieds à Montreuil, Bobigny ou Saint-Denis.

Au comptoir du Leclerc, en entrant à gauche, on peut s'accouder comme dans un bar. Prendre une boisson chaude, manger un panini. J'y passe de temps en temps, avant ou après mes courses. Notamment les courses de mes goûters,

1. Jean-Luc Richard, « Le territoire symbolique et révélateur. Finistère et vote Front national : l'inadéquation culturelle », *Annales de Bretagne et des pays de l'Ouest*, 1997, n° 4.

repas devenu incontournable. Je crois que je n'y ai jamais accordé une telle importance. J'essaie de ne rien oublier : barres de céréales, gâteaux protéinés, bananes, petites compotes de pomme à avaler rapidement – ça s'appelle des « Pom' potes » mais je prends la marque Leclerc, c'est moins cher. En fait, par mimétisme, j'achète les mêmes produits que mes collègues de l'abattoir.

Cette semaine, ma dernière, je suis encore de l'après-midi. Du coup, j'ai retrouvé ma première équipe, la B, et, avec elle, la table de mes copines. Michelle, Nadège, Elvina et les autres connaissent tous les prix par cœur, au centime près, ça m'épate. Les Pom'potes notamment, elles les achètent en pack de trente, de quarante et peuvent énumérer comme des machines toute la gamme de prix des parfums pomme, pomme-fraise, pomme-pruneau, rhubarbe. Ce que tu gagnes au centime près selon la quantité achetée. L'autre fois, Elvina nous a proposé un plan. Vingt-quatre mini-bouteilles d'eau Cristalline pour 2 euros. Ça valait le coup, j'ai hésité. Mais je lui ai dit que je préférais l'eau de la fontaine dans la salle au lino.

En remplissant mon chariot rouge à roulettes, j'ai parfois l'impression de préparer une randonnée ou une course à pied. Plus trop envie ni besoin de faire du sport, ici. M'aérer, je le fais tous les jours. Pour l'exercice, c'est autre chose. D'habitude, j'adore aller courir ou nager à la piscine, m'épuiser au moins une fois dans la semaine. Ici, je m'épuise un peu tous les jours.

« Moi, je fais du sport tous les jours gratuitement ! Pas besoin de régime ! » C'est exactement ce que m'avait lancé ma voisine de vestiaire chez Monique Ranou. Elle avait une trentaine d'années, deux enfants et semblait assez caustique. Très drôle, en tout cas. Elle m'avait ensuite entreprise sur ses soirées dans la discothèque du coin. Notamment la dernière, où le barman lui avait préparé l'un de ses cocktails maison, « le Kiss Cool », elle m'avait dit en se marrant.

L'effet Kiss Cool avait été dévastateur. Elle avait fait des déclarations d'amour à tout le monde, hommes et femmes confondus. Elle était rentrée chez elle, où son mari gardait les enfants, malade comme un chien. Elle racontait ça en riant d'elle-même, en faisant rire les autres au milieu du vestiaire.

Chez Leclerc, c'est aussi la fin des soldes. « Dernière démarque. - 50 %. Deux pantalons achetés, le troisième offert », peut-on lire sur de petits panneaux installés un peu partout. « Il y a des pantalons pas mal à moitié prix en ce moment, disait Michelle, l'autre jour à la table. Avant, je mettais de l'argent dans les vêtements. Aujourd'hui, je m'en fous. De toute façon, ici, on est enfermées. » Pourtant, elle semblait assez fière de son pantalon Jennyfer. « Avec des bottes, ça ne rend pas mal du tout, ça fait mode. » Jennyfer, je croyais que c'était une marque pour les ados.

Du coup, en me promenant dans les allées, je jette un coup d'œil aux pantalons. C'est vrai qu'il y a des trucs pas mal. Je vois aussi des pulls en cachemire à 25 euros fabriqués en Chine. Des chemises à carreaux. J'aime bien mais les couleurs ne m'emballent pas. Les plus belles ont dû partir en premier début janvier, comme d'habitude.

Chez Leclerc, les jeans ne sont pas des Levi's mais des Rica Lewis. Les soutiens-gorge sont de la marque Sans complexe – peut-être qu'il faudrait en avoir, des complexes. Les tee-shirts à manche longue de la marque Envog.

Je jette un œil au rayon frais, près des viandes en barquettes libre-service. Sans surprise, il n'y a pas de poulet Doux. L'abattoir est à quatre kilomètres d'ici mais la totalité de la production part à l'export. Doux, c'est l'ultra-mondialisation. Le Leclerc de Châteaulin, ce n'est pas notre boutique. Trop près, trop facile. Ici, on trouve des marques qui sonnent bien français, avec toujours le petit logo bleu blanc rouge pour égayer la barquette. Le Gaulois, Douce France. 7,95 le kilo en filets. 3,25 les trois cuisses de poulet.

Il y a aussi une marque de dinde qui s'appelle Autour de Lise, avec en logo un dessin de marmite fumante d'où émerge une grosse cuillère en bois. Je me demande si c'est la marmite qui s'appelle Lise mais non, ça doit être la cuisinière cachée derrière la marmite. Ça rassure, les prénoms féminins pour une marque de dinde. On imagine tout de suite une femme aux formes généreuses avec son tablier à carreaux. Un peu comme Monique, à Quimper. Sur une barquette Les Essentiels du poulet, je découvre aussi un « engagement 100 % français » avec en dessous la mention « origine C. E. » – pour Communauté européenne –, il faudrait savoir. Passons.

Tant que j'y suis, je vais déjeuner ici. En plus, la pluie n'a pas cessé et j'ai envie de manger chaud. La cafétéria du Leclerc, c'est un peu la cantine des gens des bureaux, chez Doux. On y croise rarement des ouvriers, en revanche. Pour 5 euros, on peut avoir un plat chaud. Avec un ou deux euros de plus, on peut même s'offrir le petit plaisir du dessert du jour.

Le jeudi, c'est « formule bretonne », avec le Kig ha farz, le pot-au-feu breton, et une part de far aux pruneaux. Mais il faut avoir de l'appétit. Tous les samedis, c'est couscous à 6,90 euros. Comme ça, il y en a pour tous les goûts. Il y a aussi un quart de poulet grillé avec des frites à 4,95 euros. Avec le menu enfant à 4,50 euros, un gadget est offert. On ne sait pas vraiment quel gadget, mais ça fait envie quand même. Parfois, je regrette de ne plus y avoir droit. Ce midi, je me contente de prendre le sauté au curry avec du riz. Mais j'ai un peu de mal à avaler la viande. Depuis que je travaille ici, je mange moins de viande.

Un grand bandeau rouge est collé sur le mur de la cafétéria, avec des dessins stylisés de grandes fourchettes et de grands couteaux noirs. À la verticale et à l'horizontale, des inscriptions se détachent sur le fond rouge. *Bon appétit* est la plus grosse, on la voit de loin. Mais il y aussi *sel*, *dessert*, *amis*, *régal*. *Légumes* est à la verticale. *Chaleureux* et *steak*, à l'horizontale.

Ce week-end, je suis rentrée à Paris. C'était étrange de voir autant de CRS, comme si la capitale était en état de guerre. En temps normal, il y en avait déjà pas mal en bas de chez moi – mon quartier est classé ZSP, « zone de sécurité prioritaire ». Mais là, j'ai eu l'impression qu'il y avait un commissariat entier en goguette dans les rues alentour. Près de la supérette Auchan, près de l'épicerie orientale, près du Zèbre, la salle de concert. Devant la mosquée du boulevard de Belleville, toute une ribambelle d'hommes armés étaient en train de bavarder au soleil. En passant, j'en ai vu qui mangeaient dans de petites barquettes en aluminium, le dos courbé, assis à l'arrière de leur fourgonnette. J'ai failli leur souhaiter un bon appétit, malgré tout.

Après la visite d'Emmanuel Macron, on a vu sa tête partout dans le Finistère. *Ouest France* titrait « Gad : les excuses de Macron ». *Le Télégramme*, le journal lu par les ouvriers, accordait une plus large place à Doux, sous le titre : « Emploi : Doux à la relance ». En dessous, une photo du ministre de l'Économie avec son casque rouge et sa charlotte bleue, souriant à une ouvrière.

On y lit que le volailler breton est entré dans une « spirale positive ». Cent douze CDD seront convertis en CDI cette année, dont quarante-quatre à Châteaulin. L'entreprise a demandé au ministre un coup de pouce pour recevoir l'aide de la BPI, la Banque publique d'investissement. La visite a été qualifiée de « triplement symbolique » par Arnaud Marion. Emmanuel Macron tiendra parole. Cinq millions d'euros seront débloqués par la BPI deux mois plus tard, le jour du printemps.

Dans la foulée, le ministre s'est rendu à l'abattoir de porcs Gad qui a fermé à Lampaul-Guimiliau. Il y a mangé une galette des rois « républicaine » avec les chômeurs. L'un d'eux lui a offert un paquet de pâtes alphabet, pour filer la blague sur les illettrées. « C'était un moment intime. J'ai vu de belles personnes », a confié Emmanuel Macron. C'est la conclusion de l'article.

À côté, je lis aussi un petit billet d'humeur. J'aime bien les billets d'humeur. « Dans les mois à venir, ce n'est plus autour d'une galette mais au fond des urnes que les choses se joueront », conclut le journaliste, perfide. Les départementales arrivent. Dans le Finistère, le Conseil général est acquis à la gauche, au PS. Mais je me demande bien si mes collègues de Doux iront voter, ça m'étonnerait. Ils ne semblent plus prendre tout cela très au sérieux. La politique, ils n'en parlent pas, ou très peu.

XIII.
La visite médicale

Mardi soir, sur M6, le bagad de Vannes a remporté la finale de « La France a un incroyable talent ». Les trente-sept musiciens ont gagné 100 000 euros, l'équivalent de leur budget annuel. « Ils vont encore dire que les Bretons raflent tout », murmure-t-on le lendemain au vestiaire, toujours étonné de cette image de nantis qui colle aux Bretons, avec leurs belles voies express et leurs grosses entreprises.

Mais sur M6, la victoire est incontestable. Les Bretons sont les champions, on ne va pas gâcher la fête. C'est une danse dans la plus pure tradition bretonne, paraît-il, qui a propulsé le bagad en tête du classement – une laridé-gavotte –, et je me rends compte, au milieu de la liesse générale, que je n'ai aucune idée de ce que peut être un bagad, ou une laridé-gavotte.

J'apprends rapidement, en regardant sur Internet, que le premier est un groupe de musique traditionnelle bretonne avec des joueurs de biniou, de bombarde, des percussionnistes. Quant à la laridé-gavotte, « la danse tremblante » de Pontivy, c'est une ronde rapide, d'inspiration guerrière, qui consiste à faire deux cent quarante pas par minute, soit quatre pas à la seconde. Je suis impressionnée.

Dans un coin du vestiaire, Nadège, Lam et Sylviane parlent de tout autre chose : elles se souviennent de Catherine, une ancienne collègue des cartons, une amie, qui a semble-t-il attrapé une maladie grave. Je comprends que c'était un cancer du poumon. Puis qu'elle en est morte, il y a un certain temps déjà.

Lam, la plus ancienne Vietnamienne de l'équipe B, est en France depuis plus de vingt ans. Elle a deux filles qui font de bonnes études, m'a-t-on dit. Au Vietnam, son mari était médecin. À leur arrivée dans le Finistère, le couple avait tout perdu, à part sa volonté et ses bras. C'était elle, une petite femme un peu ronde, coiffée au carré, qui était la plus proche de Catherine.

« Jusqu'au bout, elle sortait fumer sa cigarette. Elle ne pouvait pas s'empêcher, c'était plus fort qu'elle. Et puis foutu pour foutu… »

Sa voix s'étrangle sur ces derniers mots. Elle quitte prestement le vestiaire, les yeux embués.

Aujourd'hui, nous sommes moins nombreux que d'habitude. Certains collègues ont posé un jour : ce qu'on appelle le jour d'habillage, qu'ils peuvent prendre jusqu'au 28 février. Chacun peut au choix toucher 20 euros par mois ou poser cinq jours dans l'année pour compenser le temps passé à s'habiller et se déshabiller dans les vestiaires en plus du temps de travail.

Être payé pour enfiler une blouse : je dois dire qu'avant de travailler ici, je regardais ça avec un peu de perplexité. Mais en réalité, le temps passé dans le vestiaire prolonge de presque une demi-heure notre présence à l'usine. Pour un salarié payé au SMIC, cette durée incompressible est vécue comme une corvée qui, sans cette prime, serait, de surcroît, une corvée gratuite.

Les vestiaires sont propices aux conversations et aux confidences, c'est ici que chacun recrée, dans l'espace étroit qui lui est octroyé, un peu d'intimité. Derrière les portes des casiers, outre la tenue de travail, s'entassent des médicaments, du maquillage, parfois un magazine, des paquets de gâteaux, une pile de vêtements de rechange. Mais l'endroit est glacial. On y mesure mieux que partout ailleurs l'âge vénérable de l'abattoir, construit en 1981. À Paris, on dirait qu'il est *vintage*, avec ses bancs en bois, ses teintes orange et bleu outremer, ses lavabos fatigués à la propreté douteuse, ses casiers en fer qu'on pourrait chiner sur les brocantes, le week-end – ça se vendrait une fortune.

Le mien est situé pile devant la porte du couloir d'entrée agité par le va-et-vient permanent des ouvriers, ce qui me laisse une intimité toute relative. J'y passe le moins de temps possible et je suis surprise de constater que certains y baguenaudent des heures, déjeunant et goûtant, la gamelle à la main, sur les bancs disposés autour des casiers.

Michelle fait partie des absents. On me dit qu'elle a profité de son jour d'habillage pour se faire arracher une dent. J'espère qu'elle va s'en faire remettre une à la place. Je ne sais pas si elle est déjà couverte par la nouvelle mutuelle, que Doux impose désormais à l'ensemble des salariés du groupe – elle couvre, très bien me dit-on, la famille entière.

La direction a entamé il y a deux ans un bras de fer avec les syndicats, qui s'opposaient à cette mutuelle obligatoire, prise en charge à 50 % par l'entreprise. Aucun accord n'a été trouvé. La direction est passée en force, comme l'autorise le Code du travail. Même si c'est dans l'intérêt des ouvriers, tout ce qui est obligatoire est mal vécu, surtout lorsqu'il est question de pépettes à débourser.

Je passe ma pause à la table, sans Michelle donc, mais avec Sylviane et deux autres ouvriers, à parler de tout et de rien, des nouvelles machines à café qui arrivent, avec les sandwiches et les gâteaux un peu plus chers, des cigarettes, du choix ou non de la vapote. Ici, pas mal de salariés s'y sont mis. Ils sont assez sceptiques sur l'absence de nocivité du produit mais s'en contentent, ça les aide en attendant à réduire leur consommation de tabac.

« Tu fumes, toi ? me demande Sylviane.

— Un peu. Et toi ? »

Elle tord la bouche.

« Oui, beaucoup trop. J'ai diminué. Aux pauses, si on veut, en se dépêchant bien, on peut fumer trois cigarettes à la suite. Moi, j'en suis à seize par jour. Pas trop à l'usine mais chez moi, je n'arrête pas. »

Sylviane parle des allergies, des problèmes de déglutition, de tous les ennuis de santé qu'elle a depuis quelques années. Elle pense que c'est lié au tabac, sans parvenir à arrêter, et ça la mine. Elle n'arrive plus à manger de biscuits secs. Aux pauses, elle ne se nourrit « que de conneries », dit-elle, de bonbons mous aux fruits, de petites compotes liquides.

« En plus, je ne perds même pas de poids, avec toutes ces conneries. »

La dernière fois qu'elle est allée chez le médecin, elle s'est fait engueuler.

« Il m'a dit : "Arrêtez de fumer. Je ne veux plus vous voir ici." »

Yann, l'ancien, n'aime pas trop les médecins. Ce week-end, lui, nous dit-il, il va se faire couper les cheveux.

« J'ai un pote qui va venir à la maison pour me coiffer. Il vient de Pouldreuzic. »

Son copain est plombier mais il a aussi un bon coup de ciseaux. Yann a prévu de se faire faire la boule à zéro. Son ami doit être un sacré pote : Pouldreuzic, ce n'est pas la porte à côté de Châteaulin, c'est dans le Sud du département.

Sylviane le charrie :

« Ton pote, il vient aussi pour te voir, non ? Parce que tu es gonflé, la boule à zéro, tu pourrais te la faire toi-même. »

Autour de la table, personne ne va chez le coiffeur. À part moi. Tout le monde a un copain ou une copine qui « coiffe bien ». Le système D, toujours. L'économie de la débrouille.

« Moi, mes enfants, c'est eux-mêmes qui se coupent les cheveux, ils aiment bien, raconte Sylviane. De toute façon, avec la charlotte, ça ne sert à rien d'être bien coiffé hein, on s'en fout. »

Ce sera la conclusion de l'après-midi.

Le lendemain, je suis dehors avec les autres quand Fabrice, le chef, déboule. Il me désigne du doigt.

« Toi, tu vas aller chez le médecin après ta pause. Tu ne repasses pas par l'atelier, tu y vas direct. »

C'est la visite médicale d'embauche, ça fait plus de deux semaines que je suis là et c'est un passage obligé, réglementaire. Je m'amuse de la coïncidence : ça tombe à point nommé, après la conversation d'hier.

À la table, Elvina me prévient :

« Tu vas voir, tu risques de tomber avec celui qui mâche tout le temps son chewing-gum en te regardant, ce n'est pas franchement agréable. »

On m'apprend que ce médecin, à l'usine, est surnommé « le recalé ».

Je suis plutôt heureuse de cette visite médicale impromptue. Je vais sans doute travailler une petite demi-heure en moins cette après-midi. Et je vais pouvoir lui montrer mon œil. Depuis le début de la semaine, je n'arrête pas de pleurer de l'œil droit. Sans doute une infection liée à la fatigue, et aux courants d'air de l'atelier, qui me fatiguent encore plus, ce qui me rend encore plus sensible aux courants d'air. C'est le cercle vicieux, et ça m'embête un peu pour conduire et travailler.

Quand j'arrive à l'infirmerie, l'accueil est expéditif. Le médecin est un type assez souriant qui, en effet, mâche ostensiblement un chewing-gum.

« Il est 16 heures. Dépêchez-vous, on est à la bourre. Il y a une autre de vos collègues, Liliane, qui devrait être là aussi. Vous la connaissez, Liliane ? »

Je dis que non, qu'il y a encore pas mal de monde que je ne connais pas ici. L'infirmière assise à l'accueil me sourit.

Le médecin se justifie de son agacement du moment en m'expliquant qu'il est sur le pont « depuis 6 h 30 ce matin ». Il est crevé. Il doit suivre les salariés de tout un tas d'autres usines agroalimentaires dans le Finistère. Il débite ça sur un ton très las, comme si c'était à lui de me raconter ses problèmes, non à moi. Il a besoin de parler. Ça se voit à trois kilomètres à la ronde que ça ne lui plaît pas trop, à ce type, son métier, qu'il en a marre, de la médecine du travail et des ouvriers qui se plaignent.

Mais je trouve ça parfaitement indécent de sa part. Je me demande si c'est une forme exacerbée de cynisme ou, plus simplement, s'il se fout de moi. À côté de son bureau, il y a un autre médecin un peu plus jeune. Un stagiaire. Lui ne rigole pas du tout et regarde même son supérieur avec un pointe de commisération.

Le questionnaire débute. Le médecin en chef me mitraille de questions comme un robot sous amphétamines.

« Des antécédents ? Des maladies dans la famille ? Sommeil ? Dépression ? Cancers ? »

J'hésite un peu. Un dépressif serait déjà tombé en larmes. J'ai envie de le retarder un peu, pour voir.

« Euh… en ce moment, je dors bien, oui. Mais parfois je me réveille parce que j'ai quand même un peu mal à l'épaule, ça me lance, la nuit. »

Ça a l'air de l'emmerder royalement, ma vie.

« Ah ! C'est lié aux gestes répétitifs, ça. Eh bien, il faut demander à changer de poste, mademoiselle, de temps en temps, hein. »

Je le regarde en silence, atterrée.

« Vous avez un médecin traitant ?

— Non.

— Vous fumez ?

— Euh, oui, trois ou quatre cigarettes par jour. »

Il rigole.

« Ah ! J'ai eu peur, j'ai cru que c'était quatre paquets. »

J'évoque au passage mon problème à l'œil.

« Je n'arrête pas de pleurer depuis trois jours. Ça me gêne pour travailler, dans les cartons.

— Faites voir. »

Il me triture la paupière trois ou quatre secondes. Essuie sa main, songeur.

« Bon, je vous conseille plutôt d'aller voir votre médecin traitant. »

Je viens de lui dire il y a trois secondes que je n'en avais pas.

« Votre adresse ?

— Brest, rue... »

Puis, pour conclure notre entretien :

« Les chiens aboient... et ? »

Je ne réponds pas.

« Les chiens aboient et... ? retente-t-il, joueur.

— ... la caravane passe », finit gentiment son stagiaire.

Le médecin en chef me regarde, patelin.

« Ça veut dire quoi ?

— Circulez, il n'y a rien à voir ! » je réponds docilement.

C'est presque fini. Avant de m'éclipser, je dois m'asseoir sur un fauteuil matelassé pour qu'il me prenne la tension. Il gonfle le tensiomètre en appuyant sur la poire.

« À force d'appuyer sur ce truc, je vais me faire un TMS[1] si ça continue », soupire-t-il.

J'y suis, il fait vraiment de l'humour depuis tout à l'heure. Sauf que ça ne me fait pas rire, vu le contexte.

Il me conseille de « boire beaucoup d'eau pour prévenir les tendinites » puis il me confie à l'infirmière chargée de me faire passer un test de vision, moment qui se révèle extrêmement pénible. En fait, je ne sais pas si c'est mon œil qui fatigue ou ce médecin qui me donne envie de pleurer mais le fait est que mon œil, celui qui est touché par l'infection, est à ce moment précis entièrement rempli de larmes. À tel point que je n'arrive à lire presque aucune des lettres du test, même celles en gras de taille correcte.

Si l'on s'en tient à ce test, je suis donc soit myope à 90 % soit illettrée, justement.

1. Trouble musculo-squelettique.

« Ça a l'air de sacrément vous gêner, votre œil », lâche le stagiaire, compatissant, pendant que l'infirmière me rassure : « Ne vous en faites pas, il ne faut pas faire attention au médecin, il est toujours comme ça. »

Pendant ce temps, ledit médecin signe ma fiche d'aptitude médicale. J'ai précieusement conservé ce document, c'est un souvenir édifiant. Un quart de feuille A4 assez sommaire avec deux cases : « Nature de la visite » : « Embauche. » Conclusion : « Apte. » À côté d'« Observations », un blanc. Le médecin n'a pas pris la peine de remplir. Ni la date ni l'heure de l'examen d'ailleurs, je n'en valais sans doute pas la peine. Plus tard, j'apprendrai qu'en cas d'inaptitude d'un des salariés, le médecin a de nombreux papiers à remplir. Remplir des papiers, ça prend du temps.

La collègue, la fameuse Liliane qui doit prendre ma place, n'est toujours pas arrivée.

« Alors, elle n'arrive pas ? me demande-t-il pour la deuxième fois.

— Je ne sais pas qui est Liliane, je lui répète.

— Elle se prend une sacrée pause, Liliane. À son rythme, je pourrais me payer une Porsche, moi », commente-t-il, hilare.

Avant de partir, sa mallette à la main, il lance encore :

« Tant pis pour Liliane. Liliane, vous savez, c'était la femme de Georges Marchais. Venez Liliane, faites les valises, on part à Moscou ! »

Il disparaît.

De mon côté, je ne pars pas pour Moscou mais je regagne, songeuse, ma place à l'atelier avec mon papier « apte », que je tends à Fabrice.

« Alors, cette visite ? » me demande mon voisin de chaîne.

Je lui dis que j'ai trouvé le médecin un peu dingue. Ici, personne n'y croit, à la médecine du travail.

« C'est un simulacre ce truc, répond-il. Il faut vraiment être à l'article de la mort pour qu'il te les donne, tes papiers. »

XIV.
À L'Agora

Certaines courbatures révèlent l'existence d'un muscle. Aujourd'hui, je découvre que j'ai des biceps. Hier, je ne sais pas ce qui leur a pris, à la Guillotine, mais j'ai passé la majeure partie de l'après-midi à devoir remplir des cartons de poulets de 1,6 kilo pièce. Les volailles pleuvaient dans mes bacs en flux continu. À côté, mes collègues étaient beaucoup moins occupés. Entre deux cartons, je leur jetais des coups d'œil un peu jaloux en espérant la fin du déluge. Je ne veux même pas calculer les dizaines et dizaines de kilos de volailles que j'ai eu à charrier.

J'ai repensé aux discussions des vestiaires. Une phrase m'est revenue, prononcée l'autre jour par un ouvrier : « J'ai vu des nanas, elles pleuraient dans leurs bacs tellement elles en avaient marre. » On peut en pleurer, oui, des larmes d'énervement, de fatigue, d'indignation. Je les ai un peu refoulées, celles-là.

Le grand Pierre est passé me voir à mon poste, l'air accablé.

« Ils ne t'ont pas loupée aujourd'hui. Si ça ne va pas, je peux te donner un coup de main. »

Mais je n'ai pas osé le lui demander. Il aurait été obligé de quitter son poste au contrôle et je ne crois pas qu'il en ait le droit. À la place, j'ai fait la gueule, j'ai pesté – sans aller me plaindre aux chefs.

Ces derniers temps, j'ai remarqué que certaines anciennes récriminaient, jetant des regards outrés aux casques jaunes qui passaient à proximité de nos postes. « Non mais, ça ne va pas ? On n'est pas des machines non plus ! » a cinglé Michelle, l'autre fois, refusant d'accélérer quand ses bacs se remplissaient à vive allure. Les cadences deviennent dures à suivre. Mais je pars à la fin de la semaine. Peu à peu, je me détache.

Je me déshabille en vitesse ce soir. Le couloirs au pas de course. Le rituel de la sortie. Produit désinfectant sur mes mains, rougies par le froid et l'effort. Se décontracter sous l'eau chaude du robinet. Remuer les jambes, lever le pied. Enlever la charlotte, déboutonner la blouse, conserver les protège-oreilles. Ne pas oublier de pointer, surtout, mais je n'oublie plus jamais.

« À demain.

— Salut !

— Oui, salut ! »

Je me précipite dans la voiture. Ce soir, je sors. Pas en boîte de nuit, mais au cinéma, c'est déjà ça. À L'Agora de Châteaulin. Quand on finit à 20 h 40, c'est très compliqué d'être à l'heure à la séance de 20 h 30. Je me gare à toute vitesse sous les lampadaires le long de l'Aulne. Il n'y a personne dans la rue, comme d'habitude. Je monte quatre à quatre les marches du petit ciné, juste à côté de la mairie. Je déboule devant les caisses. Fermées. 21 heures.

J'arrive, essoufflée, dans la petite salle de projection et je tombe nez à nez avec un homme à la tignasse poivre et sel que je prends pour le projectionniste. Je lui débite mon histoire :

« Bon, je suis désolée, je suis très en retard. Mais j'ai très envie de voir le film et j'étais au travail, laissez-moi entrer s'il vous plaît. »

Il rigole.

« Vous paierez plus tard. »

En fait, l'homme à la tignasse n'est pas le projectionniste mais Jean-Pierre Duret, l'un des réalisateurs du documentaire que je vais voir. La séance est suivie d'un débat et c'est surtout cette discussion avec la salle que je ne veux pas rater.

Le titre du film est *Se battre*. Il a été réalisé à Givors, près de Lyon. Une petite ville de 20 000 habitants, périphérique, dont il est rarement question au journal télévisé. Les usines ont fermé. Le taux de chômage est l'un des plus élevés de France, pas loin de 20 %, 10 % de plus qu'à Châteaulin.

À Paris, je serais peut-être allée voir ce film mais je trouve ça d'autant plus intéressant de découvrir Givors à Châteaulin. Quel regard posent les Châteaulinois sur les Givordins ? Ressentent-ils une familiarité avec ces gens-là, cette ville-là ? À quoi ça ressemble, le Rhône, vu du Finistère ? Quelque chose me dit que des passerelles existent entre ces deux territoires où les caméras ne s'aventurent guère. Et que d'autres peuvent être jetées entre le projet de Jean-Pierre Duret et sa coréalisatrice, Andrea Santana, et le mien.

Dans le film, je découvre une femme qui s'appelle Agnès. Elle donne du pain à manger aux canards, aux cygnes, aux ragondins qui vivent dans la rivière de Givors, le Gier. Elle passe son temps à les nourrir et pourtant, dit-elle, elle a faim toute la journée. « Je ne fais plus partie du monde qui bouge », dit Agnès au bord de sa rivière dans le bruit des automobiles qui passent à côté.

Les réalisateurs montrent aussi des gens qui cumulent deux boulots, qui ramassent des patates, les mains dans la terre, pour une association de réinsertion, et conduisent des chariots élévateurs dans des entrepôts. Tout cela pourrait être sinistre, déprimant. Pourtant, le film ne l'est pas du tout.

La salle est loin d'être pleine mais une bonne cinquantaine de personnes ont quand même fait le déplacement. Un succès à L'Agora. Je me retourne pour observer mes voisins, en me demandant s'il y a des gens qui travaillent à l'usine avec moi. En tout cas, à vue de nez, aucun de mes collègues des cartons n'est présent. Dommage.

« Il paraît que les Châteaulinois sont en retard mais très bavards ! » s'amuse Jean-Pierre Duret à la fin de la projection.

Une femme, grosses lunettes et gilet en laine vert bouteille, prend le micro :

« Je suis arrivée en pays bigouden dans les années soixante-dix. À l'époque, les femmes travaillaient déjà mais sans être déclarées, elles ne touchaient pas de retraite. On vivait mal. Mais aujourd'hui, j'ai l'impression que la vie est plus difficile encore. La précarité change. »

Devant moi, une autre spectatrice, la petite soixantaine, veut aussi participer, elle se cramponne au micro, a l'air d'en vouloir pas mal aux socialistes, elle qui travaille au Conseil général du Finistère. Elle parle avec véhémence de la « fracture qui grandit entre le peuple et le monde politique ».

« Comment voulez-vous respecter le ministre des Finances quand il dit que les ouvriers sont illettrés ? Et c'est un gouvernement socialiste, en plus ! »

À Paris, Macron doit encore avoir les oreilles qui sifflent.

Jean-Pierre Duret insiste sur l'humour des gens qu'il a rencontrés, leur énergie.

« Ils font partie des treize à quinze millions de Français qui vivent dans la précarité. Mais quand on parle d'eux, c'est dommage, on ne les présente plus qu'à travers leur fonction économique ou comme des fainéants. Ce qui donne de la dignité, c'est le travail. Il faut qu'ils arrivent à lui donner un sens, à ce travail. »

Dans la salle, les spectateurs sont captivés, ces mots semblent leur parler. Le débat dévie sur les manifestations qu'il y a eu en France début janvier.

« Il y a encore de l'énergie, dans ce pays. Il y a de très belles choses dans la société française, vraiment ! » commente le réalisateur.

La salle paraît conquise.

Dans le public, seule une femme en fauteuil roulant ne semble pas tout à fait d'accord. Elle a participé elle aussi, avec son chien, à la marche républicaine à Châteaulin, le 11 janvier.

« Les gens sont sortis dans la rue mais ils étaient là sans vraiment savoir pourquoi, s'agace-t-elle. Certains ont fait leur promenade dominicale, leur petite sortie du dimanche pour se montrer et se regarder les uns les autres. Dans le défilé, ils parlaient de tout et n'importe quoi mais surtout pas des attentats. Ils s'en foutaient pas mal, oui. »

Autour d'elle, personne ne réagit. Les gens regardent leurs chaussures. Personne n'a envie d'écouter sa tirade, tellement à rebours du discours ambiant. C'est trop frais. Tout le monde est encore un peu à fleur de peau. Moi, en tout cas. Mais je me suis posé cette question, quand j'ai marché le 11 janvier à Quimper, en regardant autour de moi, en me demandant si les gens de Monique Ranou étaient dans le défilé, par exemple. Je n'en ai vu aucun mais faut-il en tirer des conclusions ?

Une fois que les bons sentiments se seront évanouis, que la bonne conscience collective n'aura plus lieu d'être, je ne peux pas m'empêcher de me demander ce qui restera. Dans quelques mois, quelques années, que retiendra-t-on de la belle fraternité de ce dimanche de janvier ?

« Les gens se sont déplacés, quand même ! » dit une femme.

Elle a raison. Peut-être faut-il juste saisir l'instant, se satisfaire que tant de personnes se soient réunies quelques heures dans la rue pour la même raison ce jour-là.

Le débat prend fin et les gens s'attardent dans la salle en petits groupes, continuent à discuter vivement. L'une des responsables du cinéma se félicite. La sauce a pris.

« À Châteaulin, pourtant, c'est dur de sortir les gens », glisse-t-elle.

Quelques jours plus tôt, le documentaire sur le procès des caricatures de Mahomet en 2007[1] a attiré moins de monde.

1. *C'est dur d'être aimé par des cons,* un film de Daniel Leconte.

À Châteaulin, la liberté d'expression reste un concept. La précarité est plus concrète, à portée de main pour beaucoup d'habitants. Comme si ceux qui ne la vivent pas encore souhaitaient s'y préparer.

XV.
Pendant ce temps-là

Ma conseillère intérim, Charline, m'a relancée plusieurs fois au téléphone. À chaque fois, elle prend un ton très enjoué, comme si elle parlait à une enfant, ce qui m'agace un peu. J'ai fait traîner mais ce jeudi matin je ne peux plus me dérober. Rendez-vous à 10 heures à l'agence, dans le centre de Châteaulin, pour un test que j'aurais dû valider avant ma première journée de travail. J'y vais à reculons. Je n'ai jamais aimé les tests.

En latin, *interim* signifie « pendant ce temps-là ». Le titulaire d'un poste part faire autre chose, et quelqu'un vient pendant ce temps. Je me demande bien quel est le titulaire que je remplace. J'aurais aimé mettre un visage sur cet homme, cette femme, si lui ou elle existe, ce dont je doute.

Que fait-il, pendant ce temps-là ? J'imagine qu'il ne va pas très bien, s'il ne peut plus se rendre à son travail. Souvent, je le vois dépressif, anesthésié par les médicaments, les yeux mi-clos dans un lit, incapable de prononcer un mot. Ou alors il est handicapé au bras, blessé par une machine, et passe ses journées à l'hôpital. Reviendra-t-il quand moi, je ne serai plus là, d'ici quelques jours, quelques heures désormais, demain soir ?

Bientôt, chacun reprendra sa place. La mienne n'aurait jamais dû se trouver ici. La sienne l'attend. Il m'est arrivé de me demander si je ne prenais pas le poste de quelqu'un d'autre. D'un intérimaire, un vrai. De Julie, ma collègue des premiers jours qui s'est fait virer, par exemple. J'aimerais savoir ce qu'elle devient. Je ne peux pas m'empêcher de me sentir coupable.

Et voilà que, la veille de mon départ, il me faut valider ce test, dont j'entends parler depuis un mois et qui, de toute façon, ne servira strictement à rien.

Mon agence est l'une des trois sociétés d'intérim présentes dans la commune. À Châteaulin, il y a autant d'agences d'intérim que de boulangeries. Et c'est la même chose dans tout le Finistère.

Depuis combien de temps sont-elles implantées ? Comment se sont-elles développées ? Elles structurent le marché du travail, font tourner l'économie locale, nourrissent des hordes de travailleurs. D'après Pôle Emploi[1], les intérimaires étaient un peu plus de 8 000 dans le département en février 2015. Le gros de la troupe, près de 3 000, travaille dans l'industrie agroalimentaire. Cet effectif a bondi de 14 % en 2014 quand, dans le même secteur, l'emploi salarié baissait de 2 %.

L'époque est au provisoire, à la main-d'œuvre d'appoint. L'intérim, on y arrive par hasard, jeune, pour passer son permis un été, on y reste quelques mois. On veut partir, on amorce une rupture puis on y revient, un peu honteux mais soulagé.

Je me rappelle mon arrivée chez Monique Ranou, le premier jour. Je m'étais retrouvée nez à nez avec un autre intérimaire, arrivé en même temps que moi. Nous étions là, les bras ballants, à attendre la lingère qui n'arrivait pas. Nous nous jaugions du regard, silencieux, unis, quand même, dans notre galère commune, notre statut de travailleurs à la petite semaine.

Lui, une tête de grand adolescent, un sportif peut-être, pantalon de jogging, baskets aux pieds, regard clair.

« Ça va faire du bien de retravailler, hein ? » avait-il dit, soudain.

1. « Zoom territorial, département du Finistère », février 2015.

J'avais acquiescé. Après ça, il s'était tu, avait immédiatement baissé le regard. L'intérim comme un moindre mal pour combler le vide du désœuvrement, les après-midi à tourner en rond sur soi-même, à se demander ce qu'on fout là, à attendre, à ne savoir que faire.

Les contrats d'intérim durent une semaine, deux semaines, un mois. Parfois, comme dans le cas de ma collègue Jacqueline, ils se renouvellent de semaine en semaine pendant des années. Elle doit en avoir des classeurs entiers, chez elle, de ces feuilles de mission.

Il suffit de se promener près du port de Brest ou, plus encore, rue Jean-Jaurès, devant la gare de Quimper, pour mesurer l'ampleur du phénomène. Des ribambelles de vitrines, des dizaines et des dizaines d'agences qui se ressemblent toutes. Seuls les noms changent. Start people. Randstad. Synergie. Advance.

En vitrine, les mêmes annonces alléchantes. Des photos de jeunes hommes et femmes souriants, avec une dentition parfaite, des blouses blanches, peu de charlottes mais souvent un casque sur la tête. On les voit tous très occupés, répondre au téléphone, garder des enfants, conduire des engins de chantier. Ils ont l'air bien, ces remplaçants. Très débrouillards, en excellente santé.

Au téléphone, Charline me tutoyait. Je me suis dit que ça devait être la norme, dans l'intérim. Quand je me retrouve devant elle, assise dans son bureau avec vue sur l'Aulne, elle passe au vouvoiement, je me demande pourquoi. On parle un peu de Doux, des annonces d'embauches « mais qui ne concernent que les CDD », recadre-t-elle d'emblée. Aucun espoir donc, merci.

Elle me fait asseoir devant un écran. Le test consiste à répondre, après un court exposé, à une dizaine de questions sur l'hygiène et la sécurité dans l'industrie agroalimentaire. « Cette activité riche et variée en termes de températures », vante le test. Il y est aussi question de sols glissants, de mains à laver régulièrement, des boissons chaudes qui permettent de s'hydrater, du corps humain qui peut perdre en dextérité lorsque les muscles se contractent sous l'effet du froid.

L'industrie agroalimentaire est le premier secteur industriel national. J'apprends aussi que c'est la troisième industrie la plus accidentogène en France. Un accident sur quatre dans l'industrie en France s'y produit.

Je ne le savais pas, du coup je me trompe dès la première question. Mais je me ressaisis et finis par obtenir 9 sur 10. Test réussi. Je pourrais continuer des années, qui sait, si je voulais.

À l'usine, je n'ai jamais assisté à un accident. Mais je sais qu'il s'en produit presque toutes les semaines. Difficile d'avoir des chiffres précis, ils ne circulent pas. Je me demande même s'ils sont répertoriés précisément, ces accidents. Il y en a des minimes et des plus graves, des doigts arrachés, parfois. Des collègues m'ont dit que c'est pile au moment où on baisse la garde que l'accident arrive.

Mon atelier n'est pas celui où l'on court le plus de risques par rapport à ceux de l'abattage ou à l'accrochage de volailles. Aux cartons, la plupart des maladies professionnelles sont liées à la répétition des gestes, les fameux TMS.

Et puis parfois, surprise. Deux jours auparavant, à l'heure de la débauche, vers 21 heures, j'ai vu débouler dans les vestiaires Brenda, la petite blonde, la benjamine des cartons. Elle saignait à la tête. En quittant son poste ce soir-là, elle s'était hâtée vers la sortie, comme tous les soirs, et sa tablette en métal lui était violemment retombée sur le crâne.

Brenda est petite de taille et de gabarit. La fine mousse de la charlotte ne l'a pas protégée. Un peu sonnée, elle souriait quand même en arrivant dans les vestiaires. Elle n'avait pas l'air de s'inquiéter de sa blessure. On aurait même dit qu'elle se sentait un peu coupable d'avoir provoqué un tel émoi. Une chef lui a dit d'aller à l'infirmerie. Il était tard, l'infirmière était partie depuis longtemps.

Le lendemain, à la pause, j'étais dehors avec le grand Pierre quand Brenda est arrivée. Elle nous a dit qu'une croûte s'était formée sur sa tête. Sa blessure était de l'histoire ancienne et elle était retournée illico aux cartons sans même se demander si elle pouvait prendre une journée pour se remettre.

« Ben alors, tu ne veux pas te décider à mettre un casque sur la tête à la place de ta charlotte ? lui a demandé Pierre.

— Jamais de la vie, tu rigoles ! »

Hormis quelques aficionados du casque blanc, la plupart des travailleurs à la chaîne préfèrent la charlotte. Le casque fait transpirer, il alourdit.

« Fais attention, la fuite des cerveaux, ça commence comme ça, a claironné un autre garçon, un grand brun d'une trentaine d'années. Un petit trou dans la tête et hop ! après, tout s'en va ! Je sais bien que tu es blonde, mais bon, quand même, ce serait dommage… »

Chez Doux, les ouvriers ont un humour décapant dès qu'il s'agit d'évoquer les risques d'accident ou de maladie. « Elle ferait mieux d'avoir une tendinite à la langue, celle-là. » Plusieurs fois, j'ai entendu cette tirade pour parler d'une bavarde, d'une « commère ». En y repensant à la chaîne, ça m'a valu des quarts d'heure entiers de rigolade.

La direction plaisante moins avec le sujet. Dans les couloirs qui mènent aux vestiaires, des messages de prévention sont affichés. « Se protéger, c'est pas la honte. »

Des posters colorés mettent en scène des bonshommes avec des casques. « Objectif 0 accident. » Une autre affiche proclame, comme un défi : « Ici, depuis le 1er janvier, … accidents du travail. » Tiens, c'est bizarre, le nombre n'est pas précisé. Je ne saurai jamais combien il y a eu d'accidents depuis le 1er janvier.

Ce sont les machines qui provoquent les accidents. Il faut s'en méfier. Pour qu'il y ait un accident, il faut du sang, des ecchymoses, une fracture, une douleur tangible. L'épuisement n'est pas considéré comme une maladie professionnelle.

Le *burn-out*, la maladie professionnelle du XXIe siècle, qui se propage dans les bureaux, les *open space* où je travaille à Paris, n'existe pas encore. Plus tard, Nadine Hourmant m'a raconté qu'elle avait évoqué la question devant la direction. Ils ont failli tomber de leur chaise. Le *burn-out* chez les ouvriers, en voilà une idée. Il ne manquerait plus que ça !

Récemment, j'ai aussi entendu parler du *bore-out*, un terme plus chic et moderne qu'« ennui ». À l'abattoir, si ce trouble était reconnu comme une maladie professionnelle, plus personne ne viendrait travailler. Une véritable hécatombe.

Quelques semaines après mon départ, la direction a rendu les casques obligatoires aux cartons. Il y en a qui râlent, de ce casque imposé et encombrant, qui donne chaud à la tête, qui ne fait pas respirer les cheveux. Certains disent même, perfides : « Si ça continue comme ça, il faudra venir travailler avec le voile. »

Mais ils ont bien dû accepter.

XVI.
La fin des charlottes

Un grand vide sur la vitre du bureau des chefs. Le *Je suis Charlie* a disparu de la Guillotine. Il y a un temps pour tout. Un temps pour être Charlie, un temps pour cesser de l'être. Sans doute ont-ils trouvé ça un peu suranné en cette fin janvier. Je me demande qui a pris la décision de retirer la feuille. Comment ils ont fini par l'arracher, d'un coup sec, en grattant les petits bouts de scotch grisonnants qui salissaient la vitre… « Ça va comme ça, hein, on a compris ! » Elle aurait fini par jaunir, de toute façon, avec le temps.

Près d'un mois s'est écoulé depuis mon arrivée dans le Finistère. Ce soir, je quitte l'abattoir. Mon contrat à la semaine s'achève et il aura été le dernier. La veille, quand la chef de l'après-midi s'est approchée pour me donner mon créneau horaire de la semaine suivante, je lui ai simplement dit que je ne continuais pas, que j'avais trouvé autre chose, plus pratique pour moi.

« Ok, tu fais bien de nous le dire, on va appeler quelqu'un d'autre. Merci à toi. »

C'est ainsi, en trois phrases, que j'ai formalisé mon départ auprès de la direction. Je vais m'en aller comme je suis arrivée. Du jour au lendemain.

Reste encore à l'annoncer à mes collègues. J'ai l'impression désagréable de quitter le navire. Aux cartons, cette après-midi, je baisse un peu la garde. Je dois être particulièrement lambine car ma voisine me gronde. C'est la première fois.

« Ce serait bien que tu te speedes, là. Tu as quatre cases », maugrée-t-elle.

Il y a encore quelques jours, cette phrase m'aurait mise dans tous mes états. Aujourd'hui, plus rien ne m'atteint, ou presque. J'ai toujours cet œil droit qui pleure et un début de tendinite au pouce, je suis en piteux état. Mais je sais que c'est la fin.

« Aujourd'hui, tu me fais signe si ça ne va pas. Ça va tomber là où tu es placée », me glisse le grand Pierre.

Cette fois, il vient m'aider sans que je le lui demande.

La veille, il m'a confié qu'il en avait un peu marre de passer après tout le monde. Le « contrôleur des travaux finis » trouve le travail parfois bâclé et les cadences qui s'accélèrent ne lui facilitent pas la tâche.

« Hier après-midi, il y avait un problème de réglage sur la chaîne au niveau du poste de contrôle, me raconte-t-il. Toute l'après-midi, j'ai dû réparer les mêmes conneries et personne n'a bougé le petit doigt. En fin de journée, j'ai été voir sur l'ordinateur, c'était marqué noir sur blanc. Mais personne n'avait été foutu de le remarquer. Il suffisait de jeter un coup d'œil, de régler un petit détail, pourtant. »

Il a un sentiment de gâchis, d'énergie dépensée pour rien, ça le fout en boule cette organisation. Je le comprends.

Aux vestiaires, je croise Nadège qui est vite revenue à la chaîne après quelques jours d'arrêt. Elle a meilleure mine. Elle m'explique qu'elle a fini par atterrir chez le médecin, qui lui a prescrit des médicaments. Une fois pour toutes, il l'a arrêtée pour qu'elle se soigne. Il y a des médecins compétents, aussi. Elle est retournée chez le pharmacien, avec son ordonnance, et elle a racheté des médicaments. Des efficaces, cette fois. Je lui annonce que je pars.

« Ah bon ? Tu vas où ? »

Je reste vague :

« J'ai trouvé quelque chose de plus pratique, près de chez moi. »

Ce n'est pas complètement faux, après tout.

Dans un coin de la salle de pause, les deux nouvelles machines à café sont arrivées, enrubannées comme un cadeau dans du film en plastique. On s'approche, on y jette un œil circonspect. Elles sont brillantes, flambant neuves, prêtes à ronronner à la première commande. De vrais petits bolides. J'ai envie de les essayer tout de suite, de sélectionner ma dose de sucre, de vérifier si toutes les touches sont opérationnelles.

De l'autre côté de la salle, en face, les machines Selecta semblent toutes décaties. Elles vivent leurs dernières heures ici, comme moi. Je me demande ce qu'elles vont devenir, après toutes ces années de bons et loyaux services, s'il y a une casse pour les machines à café usagées, si elles sont broyées ou remisées dans des usines de seconde zone.

En tout cas, pour ceux qui ont acheté un badge, c'est le moment de liquider les crédits. Certains dévalisent les dernières friandises. Finies les madeleines au chocolat. Envolées les barres aux céréales, les parts de cake. Michelle fait une razzia sur le Kinder Bueno. Elle a vidé son badge et distribue ses friandises à toute la table. Certaines lui donnent le nombre de centimes qui correspond précisément au prix de la barre chocolatée aux noisettes. Je n'ai pas de monnaie. Elle me tend quand même la mienne avec un grand sourire.

« Alors tu t'en vas, comme ça, il paraît ? »

La nouvelle s'est répandue à toute vitesse. Ici, il suffit de parler à deux personnes et dix minutes plus tard, l'usine entière est au courant.

Elvina est assise à côté de moi. Elle sait aussi. Elle me regarde, avec ses clémentines, ses bonbons et son bon sourire.

« Tu sais comment on dit chez moi ? Merde ! Comme à l'île Maurice ! »

Je me dis que « merde » est un mot qui fait encore l'unanimité de Paris à Brest en passant par Marseille, Strasbourg ou l'île Maurice. Je lui souris, j'essaie de faire celle qui s'en fout alors que j'ai l'estomac noué. Je ne m'attendais pas à ressentir une telle tristesse. L'idée de quitter cet endroit, de cesser le travail, me remplit de joie, à vrai dire, mais il en est tout autrement pour les personnes que j'y ai rencontrées. Je me sens un peu des leurs désormais. J'ai l'impression de fuir. De les trahir, aussi. J'aurais aimé pouvoir leur expliquer.

Je ne suis pas la seule à partir ce soir. Il y a Jacqueline aussi. « Tu ne l'as pas croisée ? Elle pleure, la pauvre », m'apprend-on. C'est la nouvelle du jour, celle qu'on colporte, qui passe de table en table. Personne ne s'indigne vraiment. Juste un peu de surprise, mêlée d'une forme d'apathie, de fatalisme.

Après des années et des années de contrats à la semaine, Jacqueline a fini par être virée en deux phrases, ce vendredi matin. On lui a dit, à la Guillotine, que ce n'était pas la peine de revenir lundi. C'est tout. « Sureffectifs. » Je leur avais annoncé la veille que je partais. Mathématiquement, ça ne tient pas la route.

La voilà qui arrive, les yeux rougis.

« Ça ne sert à rien de leur chercher des poux, lâche-t-elle. Je veux continuer dans l'intérim dans le coin, alors je ne vais pas commencer à faire des histoires. »

Elle leur en veut, mais elle avale la couleuvre, elle accepte tout.

En repartant vers la chaîne, Sylviane me souffle à l'oreille :

« C'est Nadine, la syndicaliste, qui a manœuvré pour qu'elle soit embauchée en CDI. Elle a reparlé de Jacqueline aux chefs. C'est de sa faute. Jacqueline n'avait pas besoin de ça. Qu'est-ce qui lui a pris de se mêler de ce qui ne la regarde pas, Nadine ? »

Elle ajoute :

« Ça fait la fille qui quémande, ça fait la fille qui a besoin de boulot, tu vois. Elle aurait mieux fait de ne rien demander du tout. »

Je trouve ça dur, un peu gratuit. Mais je sais que beaucoup partagent cette opinion. Demander est devenu *quémander*.

S'humilier. Se rabaisser encore un peu plus. Pourtant, cela peut aussi être courageux, de prendre le risque d'essuyer un refus. Et comment deviner, après tout, les motivations de la direction ? Si Nadine n'avait pas parlé, rien ne dit que Jacqueline n'aurait pas été virée aussi vite.

Dans quelques jours, tout le monde l'aura peut-être oubliée. Il y aura une nouvelle intérimaire, plus jeune, qui ne demandera rien et qu'on oubliera aussi, plus tard.

Le soir, quelques minutes avant la fin, je vois le grand Pierre mimer le décompte, la main tendue en l'air, au loin. 5, 4, 3, 2, 1, 0. Je rends mon badge à Fabrice qui me souhaite une « bonne continuation ». J'enlève ma blouse pour la dernière fois, je ramasse les charlottes qui traînent dans mon casier et je mets le tout à la poubelle. C'est fait. Je quitte l'abattoir.

Le lendemain soir, il pleut toujours. Je roule à travers les zones pavillonnaires jusqu'à l'Espace Coatigrac'h – la salle des fêtes de Châteaulin. Peut-être vais-je revoir les deux mamies du Leclerc qui avaient envie de boire et de manger. Le parking est bondé. Plus de vingt jours que les habitants attendent ça, les vœux de Châteaulin. La date initiale était le 10 janvier mais la petite réception aurait fait mauvais effet trois jours après les attentats.

Des centaines de personnes se serrent en petits groupes dans la vaste salle aux poutres de bois apparentes. On sort en famille ce soir, alors on s'est un peu endimanché, on fait des photos, des selfies avec les smartphones. On donne des nouvelles du petit qui grandit, de la grande qui est partie faire ses études loin, à Quimper. L'atmosphère est légère.

Une femme que je n'ai jamais vue s'approche, me serre la main.

« Vous allez bien ? » me demande-t-elle.

Je lui dis, surprise, que j'attends le discours de la maire, qui est un peu en retard, semble-t-il. La femme sourit.

« C'est normal, c'est moi, la maire. »

Gaëlle Nicolas s'installe devant un micro attaché à un petit pupitre. Le silence se fait. La maire UMP commence par parler de « l'épouvantable barbarie » de ce mois de janvier. Mais elle embraye rapidement sur autre chose. Châteaulin va perdre de l'argent en 2015 à cause de la baisse des dotations de l'État. 1,4 million en moins d'ici 2018. « Toutes les recherches d'économie vont être faites. Des efforts considérables seront indispensables. »

Pas un mot sur la visite récente d'Emmanuel Macron mais elle parle des travaux d'aménagement qui vont bientôt commencer sur le quai Cosmao. Le permis de construire de l'EHPAD, l'établissement d'hébergement pour personnes âgées dépendantes, sera aussi déposé en mars. Les travaux devraient commencer en septembre si tout va bien.

Le discours est presque fini. Devant le buffet, une bonne centaine de personnes s'agglutinent pour goûter les petits fours au saumon fumé et saisir une coupe de cocktail, une sangria blanche avec du Cointreau, dont je sens qu'il faut me méfier.

Soudain, Lam, la plus ancienne Vietnamienne des cartons, s'approche de moi. Elle fait le service. C'est la première fois que je la vois ainsi, « en civil », sans sa charlotte, très élégante dans son chemisier blanc. Elle me sourit. Elle est conseillère municipale, m'explique-t-elle.

« Tu me reconnais, hein ? On travaille ensemble, aux cartons. Tu veux un verre de sangria ? »

Épilogue

Le vendredi soir, après avoir définitivement quitté l'abattoir, j'ai filé à Brest rejoindre un ami et nous avons commandé un énorme plateau de fruits de mer dans un restaurant du port. Sur la nappe blanche, dans une assiette argentée, des huîtres, des bulots, des bigorneaux, des crevettes roses et grises, des langoustines, un demi-crabe. Dans de petits ramequins en porcelaine, de la mayonnaise, du beurre salé, de la vinaigrette aux échalotes. C'était très gai. Jamais un plateau de fruits de mer ne m'avait paru aussi frais, aussi savoureux. En payant l'addition, je me suis rendu compte que je venais de dépenser plus de la moitié d'une journée de travail aux cartons.

Je suis restée encore quelques jours dans le Finistère, pas seulement pour assister aux vœux de Châteaulin. J'avais envie d'y vivre comme une touriste, avec un autre regard, un autre rythme. Je me suis réveillée tard, je me suis promenée le long de la côte escarpée, courbée par la puissance du vent, j'ai bu des bières et des chocolats chauds, j'ai vu les embruns voler en petits nuages blancs, compacts et légers, comme des flocons au-dessus de la mer dans la baie de Crozon. J'ai trouvé ça très beau. J'ai pris des photos.

Les premiers jours, je trouvais un goût particulier à chaque instant de ma vie retrouvée. Quand je me suis enfin décidée à rentrer, j'étais persuadée qu'il y aurait un avant et un après. Que jamais plus je ne me plaindrais. Que je savourerais chaque heure, chaque minute, chaque journée, bénissant le métier que j'ai choisi et l'autonomie, même relative, qu'il m'offre. Que je me réjouirais de discuter librement avec qui je voudrais sans crier pour me faire entendre, de manger à l'heure que je désirerais, d'aller aux toilettes sans me demander ce que les gens allaient en penser.

En arrivant à Paris, la ville m'a d'abord semblé agressive, très dense, très dure. Dans les rues près de chez moi, il y avait toujours autant de CRS postés un peu partout devant les bâtiments.

Mes douleurs aux épaules, aux pouces, aux poignets se sont peu à peu estompées. Je n'ai plus senti mes biceps. En quelques jours, ma vie a repris son cours normal. Le téléphone s'est remis à sonner très régulièrement – ça tombait bien, je pouvais le décrocher. Ma boîte mail était saturée. Le tourbillon recommençait.

Peu à peu, je me suis mise à m'agacer pour des détails anodins. Je me suis sentie fatiguée, un peu décalée. Par moments, tout me semblait vain. Je crois avoir passé la fin de l'hiver à râler.

Peu après mon retour à Paris, l'agence d'intérim m'a laissé un message : on me proposait une nouvelle mission. Je n'ai pas rappelé. Quelques semaines plus tard, j'ai reçu un questionnaire de satisfaction dans ma boîte mail. J'ai laissé filer. Mais, après une relance, où l'on me demandait de le renvoyer sans faute avant le 1er mai, pour la Fête du travail, j'ai pensé je ne pouvais pas leur refuser ça.

À la dernière question : « Conseilleriez-vous l'agence X à un ami ? » j'ai répondu oui et je me suis dit que je ne la conseillerais pas qu'à mes amis, ou à mes ennemis. Elle conviendrait aussi très bien à tous ceux qui veulent s'occuper de ce pays, et, pourquoi pas ? le connaître – à des gens que je n'ai croisés que deux ou trois fois dans ma vie comme Stéphane Le Foll ou Emmanuel Macron.

Je me suis souvent demandé ce que j'avais retenu de cette expérience. Je n'ai jamais eu beaucoup de certitudes mais j'en ai encore moins, maintenant. Les seules qui résistaient ont été durablement ébranlées. Je sais juste que je porte un regard différent sur les gens qui ont arrêté de voter, subissent leur travail et attendent la retraite avec impatience. Je les comprends. Je mange aussi beaucoup moins de poulet et de jambon.

Aux départementales de mars, le Parti socialiste s'est pris, partout en France, la raclée attendue. Dans le canton de Châteaulin, le Front national n'a pas fait un raz-de-marée, même s'il s'est classé troisième au premier tour avec 20,12 % des suffrages – derrière l'UMP (44,02 %) et le PS (35,68 %).

L'abstention, en revanche, a tout raflé. À Châteaulin, seul un électeur sur deux s'est déplacé.

Dans la foulée des élections sont sortis un tas de livres et d'articles pour analyser ce qui s'était passé en France au mois de janvier. Certains ont parlé d'« hystérie collective », d'autres de « l'esprit du mois de janvier ». On a inventé un mot : « charlisme ». Il fallait expliquer, mettre des concepts sur ce que les gens avaient ressenti.

Plus sobrement, les instituts de sondage ont évoqué « la parenthèse du mois de janvier ». Phénomène inédit dans l'histoire des enquêtes politiques en France, le président de la République, après avoir atteint un plancher historique de 18 % de cote de popularité fin décembre 2014, a bondi de vingt points pour atteindre 40 % d'opinions favorables deux semaines plus tard. Mais il est bientôt retombé à son seuil habituel de 20 %, dévalant la pente à toute vitesse comme sur un manège de fête foraine, à ceci près que la remontée ne semble pas être au programme.

De son côté, le 19 février, Emmanuel Macron a réussi à faire voter par l'Assemblée, en première lecture, sa loi pour « libérer l'économie ».

Deux jours plus tôt, Charles Doux, le fils de Pépé, est mort. J'ai appris qu'une cérémonie s'était tenue en catimini dans la chapelle de Lospars. Aucune cérémonie n'a eu lieu à l'usine. Les ouvriers s'en sont émus auprès de la direction. Aucune minute de silence pour la mort de leur ancien patron, alors qu'il y en avait eu une pour les attentats de janvier.

Puis l'usine s'est vidée, la direction ayant demandé aux ouvriers de prendre une semaine de congés payés. Au retour, fin février, ils compris pourquoi : tout avait changé. Les vestiaires *vintage* avaient été rénovés, les casques étaient devenus obligatoires. Les blouses blanches doivent désormais être boutonnées jusqu'en haut. Le lavage de mains à l'entrée et à la sortie des ateliers fait l'objet de contrôles.

La direction du groupe compte ainsi obtenir la norme IFS (International Featured Standard), un référentiel créé en 2003 qui certifie la sécurité et l'hygiène des aliments produits par les industriels de l'agroalimentaire.

Les embauches ont eu lieu comme prévu mais la masse salariale n'a pas évolué : on a simplement titularisé des employés précaires. Le travail, lui, augmente, en même temps que les normes et les contraintes.

Les ouvriers vivent mal ce changement d'époque. Ils se sentent frustrés, surtout quand ils entendent parler du « modèle Doux », ce nouveau symbole de la réussite. « Les gens en ont marre, ils envoient tout valser sur les chaînes », m'a-t-on rapporté.

Début mai, chose rare, une semaine entière de débrayage a été suivie par l'équipe B, celle d'Elvina et du grand Pierre, dont 85 % des CDI ont cessé le travail quelques minutes en fin de journée, cinq jours de suite. Il s'agissait de protester contre les cadences et de demander la réparation des machines endommagées et mal entretenues.

En mai, je suis retournée dans le Finistère. Je suis repassée devant la zone industrielle de Lospars. Comme d'habitude, tout était désert. Je suis allée chez Nadine Hourmant et son mari, Jean-Claude, près de Châteaulin. Nous avons parlé des heures. Je leur ai proposé de venir me voir à Paris, un jour. Ils viendront peut-être mais ils n'aiment pas trop la ville. Ils ne se posent pas la question de déménager. Ils se sentent très bien chez eux.

Les travaux sont achevés au Leclerc. Les barquettes de viande brillent derrière des vitrines réfrigérées qui se referment hermétiquement. On ne trouve toujours pas de poulet Doux.

La vie change à Châteaulin. Des usines ferment, d'autres s'installent. Il y a aussi ceux qui emménagent. Des Chinois ont été récemment aperçus devant la vitrine d'une agence immobilière. Les habitants ont été surpris. Ils se sont dit que c'était rare de voir des Chinois dans le coin, que c'était sans doute lié à l'installation prochaine, à Carhaix, de l'usine de lait en poudre la plus productive du monde. Mais rien n'est sûr. Ce n'étaient peut-être pas des Chinois, d'ailleurs.

Je repense tous les jours aux gens que j'ai rencontrés dans le Finistère. Quand je les imagine, le matin, le soir, la nuit, ils font les mêmes gestes. Je me demande quelle sera leur réaction lorsqu'ils liront ce livre, s'ils le liront, s'ils s'y reconnaîtront et ne seront pas vexés. Je n'ai pas voulu les blesser, bien au contraire. J'ai raconté ce que j'ai vécu, vu et entendu, ce que j'ai ressenti, ces bribes de vie.

Alors que j'écrivais ces dernières lignes, j'ai appris à une semaine d'intervalle que l'abattoir de Châteaulin et mon journal seraient tous les deux revendus d'ici la fin de l'année. J'ai trouvé la coïncidence amusante. C'est la liquidation générale. Les soldes d'été, même, pour *Le Parisien*. Dans les deux cas, les fondateurs historiques, les familles, s'effacent pour laisser la place à de grands groupes.

À l'abattoir, la puissante coopérative française Terrena et Avril-Sofiprotéol, le conglomérat agro-industriel dirigé par Xavier Beulin, par ailleurs président de la FNSEA, le plus grand syndicat agricole français, sont sur les rangs. Quel rôle gardera l'héritier, Jean-Charles Doux, le petit-fils de Pépé ?

Au *Parisien*, le groupe LVMH, déjà propriétaire des *Échos*, est en négociations exclusives pour le rachat du titre, qui appartient encore à 100 % à la famille Amaury. La rédaction a été un peu sonnée, et aussi un peu flattée, d'intéresser ainsi un géant du luxe. Des blagues ont circulé. On s'est dit qu'il faudrait changer de tenue, s'habiller plus chic, désormais.

Le groupe Doux doit être revendu en septembre. Au *Parisien*, c'est prévu pour novembre. Mes anciens collègues des cartons et moi, nous attendons. Avec ce sentiment à la fois excitant et inquiétant qu'une époque s'achève doucement. Que nous n'y pouvons rien. Et que, quoi que l'on fasse, tout changera en même temps.

Paris, le 31 mai 2015

Bibliographie

Quelques livres, pendant que je préparais le mien, m'ont plu, intéressée, inspirée par leur atmosphère, le lieu où ils se déroulent, leur ton, leur démarche. En voici une liste non exhaustive, et parfaitement hétéroclite.

Romans, bande-dessinée, essais

Le sociologue Nicolas Renahy a grandi dans un village de Bourgogne. Il y est retourné pour parler des siens, de ses anciens amis d'enfance, de la jeunesse rurale et ouvrière en général.
Les Gars du coin. Enquête sur une jeunesse rurale, La Découverte, 2010.

De 2000 à 2004, le sociologue Nicolas Jounin s'est fait embaucher comme intérimaire sur différents chantiers en Île-de-France.
Chantier interdit au public. Enquête parmi les travailleurs du bâtiment, La Découverte, 2008.

Sur la France des « oubliés ».
Christophe Guilluy, *La France périphérique. Comment on a sacrifié les classes populaires*, Flammarion, 2014.
Un livre qui m'a beaucoup marquée : Didier Eribon, *Retour à Reims*, Fayard, 2009.

Et, dans la même veine :

Annie Ernaux, *Retour à Yvetot*, Le Mauconduit, 2013.

Du même auteur, sur la vie et l'atmosphère d'un supermarché en banlieue parisienne, à Cergy : *Regarde les lumières, mon amour*, Le Seuil, « Raconter la vie », 2014.

Grandir aujourd'hui dans un petit village du Massif central, près de Clermont-Ferrand : Cécile Coulon, *Les grandes villes n'existent pas*, Le Seuil, « Raconter la vie », 2015.

En général, tous les livres de la collection de Pierre Rosanvallon, « Raconter la vie ».

Un beau roman sur le sentiment de décalage et le parcours d'un fils d'ouvrier : Jeanne Benameur, *Les Insurrections singulières*, Actes Sud, 2011.

Deux classiques :

Albert Camus, *Le Mythe de Sisyphe. Essai sur l'absurde*, Gallimard, 1942.

Robert Linhart, *L'Établi*, Minuit, 1978.

J'ai découvert à la fin de l'écriture qu'une grande enquête ethnographique sur la France avait été réalisée aux débuts des années soixante dans un village du pays bigouden (Sud-Finistère), Plozévet. Edgar Morin faisait partie du groupe de chercheurs qui ont « décortiqué » ce bourg comptant aujourd'hui 3 000 habitants : *La Métamorphose de Plozévet. Commune en France*, Fayard, 1967.

Dans le style « BD reportage », Étienne Davodeau raconte son enfance et l'essor du mouvement syndical ouvrier catholique à travers l'histoire de ses parents dans la région traditionaliste des Mauges : *Les Mauvaises Gens*, Delcourt, 2005.

Un an avant la fermeture du site PSA d'Aulnay-sous-Bois, l'écrivain Sylvain Pattieu a recueilli les témoignages des ouvriers : *Avant de disparaître. Chronique de PSA-Aulnay*, Plein Jour, 2013.

Où il est question de *burn-out*, de *bore-out* et de sens à redonner à son travail : Isaac Getz et Brian M. Carney, *Liberté & Cie. Quand la liberté des salariés fait le bonheur des entreprises*, Fayard, 2012.

Comment, enfin, ne pas citer les ouvrages de Florence Aubenas et notamment son immersion pendant six mois en 2010 en Basse-Normandie, dans la région de Caen ?

Le Quai de Ouistreham, L'Olivier, 2010.

En France, L'Olivier, 2014.

Articles de presse et études diverses

Le Télégramme, presque tous les jours, en janvier 2015.

Jacqueline Coignard, « La brève histoire d'un poulet standard », *Libération*, 27 novembre 1996.

Julie Delvallée, « Mais qui est Monique Ranou ? », *LSA* (*Libre-service Actualités*), 22 mai 2014.

Frédérique Le Gall, « Nadine Hourmant, une femme au combat », *Le Télégramme*, août 2012.

Pierre-Henri Allain, « Volaille que vaille », *Libération*, 20 janvier 2015.

Jean-Paul Louédoc, « Doux, le président du groupe volailler annonce des embauches », *Ouest France*, 15 janvier 2015.

« Zoom territorial, département du Finistère », février 2015, Pôle Emploi.

Jean-Luc Richard, « Le territoire symbolique et révélateur. Finistère et vote Front national : l'inadéquation culturelle », *Annales de Bretagne et des pays de l'Ouest*, 1997, n° 4.

Remerciements

Je voudrais d'abord remercier l'ensemble des salariés de Doux et particulièrement les ouvriers et chefs de production des ateliers du conditionnement.

Merci à mon agence d'intérim.

En Bretagne, un grand merci à tous les gens que j'ai croisés, qui m'ont aidée, donné de leur temps, sans qui ce séjour n'aurait pas eu la même saveur. Merci pour tous ces grands et petits riens.

Une pensée spéciale à Nadine et Jean-Claude Hourmant, et aux deux jumelles Océane et Jocya.

Je pense aussi à Dominique, l'infirmière de Quimper, et à son caramel au beurre salé.

Merci à David, de la rue Chateaubriand.

À Brest, un grand merci à Marc, le marin-cuisinier-voyageur.

Merci à Marie.

Merci à mes relecteurs Catherine Balle, Julien Marival et Elsa Marnette, pour leurs remarques, leur regard acéré – pour les coquilles – et amical – mais non moins objectif !

Merci au *Parisien* pour la confiance et la liberté qui m'y est offerte.

Merci à Marc Lomazzi, le premier à m'avoir laissée partir en reportage en Bretagne.

Merci à l'actuel directeur de la rédaction, Stéphane Albouy, pour son enthousiasme dès le départ.

Merci à l'ancien, Thierry Borsa, qui a fait en sorte que ce projet soit réalisable.

Merci, au service éco,

à mon chef Olivier Baccuzat,

aux excellentes et motivantes Séverine Cazes, Valérie Hacot, Odile Plichon, et à toute l'équipe, mes collègues, voisins de bureaux.

Un merci spécial à Erwan Benezet, un peu pour tout,

et à Ronan Tésorière, *Breizh power.*

Merci à Aurélie Lebelle, experte ès immersion.

Merci à ma famille. À mes parents qui suivent mes pérégrinations d'un œil perplexe mais bienveillant. À ma sœur Emmanuelle et mon beau-frère Idir. À la *nine*, Héloïse. À ma belle-sœur Annie pour ses conseils d'orientation professionnelle et à mon frère Nicolas.

Merci à tous mes amis pour leur soutien indéfectible à marée haute et marée basse. Particulièrement à Violette, la Grande Sophie, Pascale et Thomas, Laure, Perrine.

Merci à Sylvain Pattieu, qui m'a ouvert la voie, et pour ses conseils de lecture avisés.

Merci à Sophie Lataillade, de Rio à Ilha Grande, et à Bertrand Lacour.

Je remercie enfin mes éditeurs Sibylle Grimbert et Florent Georgesco pour leur finesse et la pertinence de leur travail.

Table

I. Au petit bonheur la chance ... 11
II. Ceux qui ne déménagent pas ... 21
III. L'abattoir ... 31
IV. Casques jaunes ... 37
V. Châteaulin ... 45
VI. Objectif pépettes ... 55
VII. Il faut imaginer Sisyphe aux poulets ... 67
VIII. Embauches ... 77
IX. Lundi bleu ... 87
X. Nadine ... 93
XI. Macron ne sera pas la star des vestiaires ... 101
XII. Il y aura à boire et à manger ... 113
XIII. La visite médicale ... 121
XIV. À L'Agora ... 129
XV. Pendant ce temps-là ... 135
XVI. La fin des charlottes ... 141
Épilogue ... 147

Bibliographie ... 153
Remerciements ... 157

Cet ouvrage a été imprimé par
CPI Firmin-Didot à Mesnil-sur-l'Estrée
pour le compte des éditions Plein Jour,
39, rue des Mathurins, Paris VIIIe,
en juillet 2015.

Dépôt légal : septembre 2015
N° d'édition : 785 – N° d'impression : 129187
Imprimé en France